铁路企业法律纠纷典型案例评析

中国铁路太原局集团有限公司
太原铁路运输中级法院 主编

中国铁道出版社有限公司
CHINA RAILWAY PUBLISHING HOUSE CO., LTD.

北　京

图书在版编目（CIP）数据

铁路企业法律纠纷典型案例评析/中国铁路太原局
集团有限公司，太原铁路运输中级法院主编．— 北京：
中国铁道出版社有限公司，2023.4
ISBN 978-7-113-29834-0

Ⅰ.①铁… Ⅱ.①中… ②太… Ⅲ.①铁路企业-企业
经营管理-经济纠纷-案例-中国 Ⅳ.①D922.297.5

中国版本图书馆 CIP 数据核字（2022）第 213938 号

书　　名：**铁路企业法律纠纷典型案例评析**
作　　者：中国铁路太原局集团有限公司　太原铁路运输中级法院

责任编辑：郑媛媛　　　　　　**编辑部电话：**（010）51873293
封面设计：闰江文化
责任校对：安海燕
责任印制：赵星辰

出版发行：中国铁道出版社有限公司（100054，北京市西城区右安门西街 8 号）
网　　址：http://www.tdpress.com
印　　刷：三河市兴博印务有限公司
版　　次：2023 年 4 月第 1 版　2023 年 4 月第 1 次印刷
开　　本：710 mm×1 000 mm 1/16　**印张：**19.5　**字数：**226 千
书　　号：ISBN 978-7-113-29834-0
定　　价：65.00 元

编委会

　　党的二十大报告提出，全面依法治国是国家治理的一场深刻革命，关系党执政兴国，关系人民幸福安康，关系党和国家长治久安。必须更好发挥法治固根本、稳预期、利长远的保障作用，在法治轨道上全面建设社会主义现代化国家。

　　中国铁路太原局集团有限公司和太原铁路运输中级法院深入学习贯彻党的二十大精神，坚持以习近平法治思想为指引，努力提高普法宣传的针对性和实效性，贴近一线联合普法，持续深化普法万里行、普法在现场、普法进站车，不断创建平安太铁，运用法治思维和法治方式深化改革、推动发展、化解矛盾、维护稳定、应对风险，共同组织了太铁两级法院法官和中吕律师事务所律师，对近年来发生的案例进行剖析，以发挥指导和示范作用，共同推进良法善治。

　　一滴水见太阳，一个好的案例就是一个好的普法故事，能够培育全社会法治信仰，引导铁路干部职工和社会公众做社会主义法治的忠实崇尚者、自觉遵守者、坚定捍卫者。本书所涉案件分为合同纠纷、侵权责任和劳动争议三大类。这些案件都是发生在铁路上常见的涉及法律的一些矛盾纠纷。每一篇案例从体例上分为案情简介、判决结果、法理分析和典型意义四个方面，风格上尽可能深入浅出、通俗易懂。案情简介、判决结果力求简明扼要；法理分析通过对事实的归纳、证据的要求和对法律的适用，努力阐述法官的判案思维；典型意义突出以案释法，延伸本案例带来的经验和教训，用身边事教育身边人，给铁路干部职工与社会公众处理矛盾纠纷、规范自己的日常生活工作以及规范企业经营以启示和借鉴，让人民群众切实感受到正义可期待、权利有保障、义务需履行，推动法治实践养成。

　　由于时间仓促和能力所限，书中难免存在疏漏和不足之处，敬请广大读者谅解和批评指正。

编者

2022 年 11 月

目 录

合同纠纷

侵权责任

劳动
争议

合同纠纷

一 运输合同纠纷案件

1 铁路旅客运输合同纠纷案件
旅客检票出站后摔伤的责任判定

【案情简介】

2015 年 3 月 14 日晚，屈某在某火车站出站后摔伤，经医院诊断为左股骨粗隆间骨折，屈某住院治疗共计 12 天。屈某认为某铁路运输公司未履行运输合同义务，将旅客安全运送出站，构成违约。故诉至法院，请求判令被告支付医疗费、误工费等共计 104 694.78 元，并由该铁路运输公司承担本案诉讼费用。该铁路运输公司认为该站与其之间没有隶属关系，且屈某受伤地点不属于该站管理范围，故请求驳回起诉。

【判决结果】

法院经审理认为，屈某购买了旅客列车车票，从起点乘坐，安全到达终点并下车检票出站，屈某与某铁路运输公司之间的运输合同关系成立、生效且履行完毕。根据《中华人民共和国合同法》（以下简称《合同法》）第九十一条第一项的规定，债务已经按照约定履行的，合同的权利义务终止。该铁路运输公司作为旅客运输合同的承运人，将屈某安全运送至目的地出站，其合同义务已完成，双方权利义务关系终止。参照《铁路旅客运输规程》第八条的规定，屈某安全出站后摔伤致其左股骨粗隆间骨折，不属于在运输过程中造成的旅客伤害，承运人不承担损害赔偿责任。故对屈某要求该铁路运输公司赔偿其因摔伤产生的各项费用的诉讼请求，依法应予驳回。

【法理分析】

旅客检票出站后铁路旅客运输合同履行完毕

《最高人民法院关于审理铁路运输人身损害赔偿纠纷案件适用法律若干问题的解释》第十二条规定："铁路旅客运送期间发生旅客人身损害，赔偿权利人要求铁路运输企业承担违约责任的，人民法院应当依照《中华人民共和国合同法》第二百九十条、第三百零一条、第三百零二条等规定，确定铁路运输企业是否承担责任及责任的大小。"

《合同法》第二百九十条规定："承运人应当在约定期间或者合理期间内将旅客、货物安全运输到约定地点。"第三百零一条规定："承运人在运输过程中，应当尽力救助患有急病、分娩、遇险的旅客。"第三百零二条第一款规定："承运人应当对运输过程中旅客的伤亡承担损害赔偿责任，但伤亡是旅客自身健康原因造成的或者承运人证明伤亡是旅客故意、重大过失造成的除外。"

《最高人民法院关于审理铁路运输损害赔偿案件若干问题的解释》规定："十一、铁路运输企业对旅客运送的责任期间自旅客持有效车票进站时起到旅客出站或应当出站时止。不包括旅客在候车室内的期间。"

《铁路旅客运输规程》第八条规定："铁路旅客运输合同从售出车票时起成立，至按票面规定运输结束旅客出站时止，为合同履行完毕。旅客运输的运送期间自检票进站起至到站出站时止计算。"

由上述规定可知，铁路运输企业对运输过程中旅客的伤亡承担赔偿责任，但伤亡是旅客自身健康原因造成的或者可以证明伤亡是旅客故意、重大过失造成的除外。铁路运输企业对旅客运送的责任期间是自旅客持有效车票进站时起到旅客出站或者应当出站时止，其中不包括旅客在候车室内的期间。铁路旅客运输合同从售出车票时起成立，至按票面规定运输结束旅客出站时止，合同履行完毕。

本案中，屈某购买了旅客列车车票，从起点乘坐，安全到达终点并下车检票出站，运输合同已经经历了成立、生效并已履行完毕，其在火车站出口台阶处摔伤已不属于铁路旅客运输合同中铁路运输企业对旅客运送的责任期间，因此铁路运输企业不再承担违约责任。

《中华人民共和国侵权责任法》（以下简称《侵权责任法》）第三十七条第一款规定："宾馆、商场、银行、车站、娱乐场所等公共场所的管理人或者群众性活动的组织者，未尽到安全保障义务，造成他人损害的，应当承担侵权责任。"

本案中屈某虽然无法要求铁路运输企业承担违约责任，但其可以根据公共场所管理人责任要求火车站出口的管理者承担相应的侵权责任。

【典型意义】

（1）铁路运输企业仅对旅客"检票—出站"这一区间内发生的人身安全承担违约或侵权责任，即仅对从旅客经过进站检票闸机口后，到出站验票期间，发生在站台内部电梯、站台等处的旅客人身伤亡案件承担赔偿责任。对发生在火车站售票大厅、候车室、通过出站闸机口后的车站广场等处的旅客伤亡案件，因不属于铁路旅客运输合同的履行期间，不承担赔偿责任。

（2）对发生在火车站售票大厅、候车室、通过出站闸机口后的车站广场等处的旅客伤亡案件，受害者只能依据侵权责任申请追究场所管理者的公共场所管理人责任或侵害健康权、生命权等责任。

编写人员：临汾铁路运输法院　吕霄翔

2 铁路货物运输合同纠纷案件
一般情况下合同仅对当事人具有法律约束力

【案情简介】

原告某运销公司与第三人某设备公司签订了《煤炭合作发运协议》，约定由原告直接向被告某公司车务段支付铁路运费，后原告分四次预付铁路运费共1 860 000元，实际使用1 198 080.9元，剩余运费661 919.1元，故请求法院判令被告予以返还。被告某公司车务段辩称原告四次汇款属于向第三人某能源公司专户存款行为，其只与某能源公司存在运输合同，且合同约定该专户存款由某能源公司使用，现专户内存款已由某能源公司使用完毕，原告无权请求退款。第三人某能源公司述称其与第三人某设备公司签订煤炭购买及代发合同，后第三人某设备公司委托原告代付铁路运费，以抵作代发费用，所产生的一切经济纠纷由第三人某设备公司承担，其与原告并不存在法律关系。第三人某设备公司述称其仅指示原告向被告先期支付702 000元运费，并明确告知原告"余款见铁路大票后补足"，原告在未见铁路大票且《煤炭合作发运协议》早已履行完毕的情况下仍继续支付运费，最终导致超付铁路运费的后果，系原告自身原因造成，与第三人某设备公司无关。

【判决结果】

法院经审理认为，某运销公司提供的证据均无法证实其与某公司车务段之间就运输标的、运费标准及运输的始发地和目的地达成协议，也无法证实双方签订过任何形式的铁路运输合同。某运销公司已支付运费的方式及运费如何使用分别涉及某运销公司与某设备公司之间、某设备公司与某能源公司之间订立的合同内容，上述合同对某公司车务段并不具有法律约束力。故依法驳回某运销公司的诉讼请求。

【法理分析】

《中华人民共和国民法典》（以下简称《民法典》）第四百六十五条规定："依法成立的合同，受法律保护。依法成立的合同，仅对当事人具有法律约束力，但是法律另有规定的除外。"此规定体现了合同的相对性。合同相对性的内涵是合同仅对特定的主体产生法律约束力，合同当事人按照合同约定的内容享有和承担权利与义务。合同的相对性关键在于合同效力上的相对性，这是合同所固有的一种对内效力，亦即合同的内容、履行以及责任的承担都仅作用于各缔约人之间，而合同以外的第三人因其本身并无接受合同约束的意愿，所以不能向合同当事人主张合同权利，也无须向合同当事人履行合同义务，不受合同的限制。

本案存在以下合同，一是某公司车务段与某能源公司之间的运输合同，二是某能源公司与某设备公司签订的《煤炭购销合同》及《铁路煤炭代发协议书》，三是某设备公司与某运销公司签订的《煤炭合作发运协议》。证据无法证实某运销公司与某公司车务段之间有与涉案纠纷相关的直接的运输合同，从合同相对性出发，某运销公司无法依据目前明确存在的合同要求非合同相对方某公司车务段承担责任。

【典型意义】

（1）铁路运输企业只针对合同相对人承担相应的权利义务，若非合同相对人，则不能向铁路运输企业主张权利或者提起诉讼。

（2）铁路运输企业在签订合同时，要注意合同相对性原则。合同的相对性是合同只对合同当事人产生法律上的拘束，而不能约束合同外的第三人。这是因为合同是当事人之间的合意，当事人意思表示的效力只能约束自己，而不及于第三人。合同的相对性体现了意思自治、合同自由的私法精神，是实现意思自治与契约自由的必然要求。

编写人员：临汾铁路运输法院　吕霄翔

3 铁路运输合同纠纷案件
应由托运人承担支付运费的举证证明责任

【案情简介】

2016年4月18日，某洗煤厂通过"中国铁路货运电子商务系统"向某铁路局提交托运原煤申请，请求将3 420吨原煤由某铁路局某站通过火车运输至北京铁路局八里庄站，收货人为山东某化工股份有限公司。2016年4月22日，某铁路局受理某洗煤厂的托运申请，配备49辆空车由某车务段所辖某站承运。2016年4月23日某站将某洗煤厂实际托运的49车共计3 326吨原煤，由某铁路局某站发运到北京铁路局八里庄站，运输费用226 314.3元。2016年4月26日，该批原煤顺利运送至北京铁路局八里庄站，并由收货人山东某化工股份有限公司于2016年4月27日取走。某洗煤厂因未支付运费而被诉，某洗煤厂未应诉答辩，也未向法院提交证据，亦未出庭应诉。

【判决结果】

双方当事人在履行《专用线共用协议》期间，某洗煤厂向某铁路局提交发运煤申请，某铁路局同意其申请并配备车辆由某车务段所辖某站承运，根据《合同法》第十三条、第二百八十八条的规定，某洗煤厂与某车务段之间形成铁路货物运输合同关系，某车务段应履行将货物运输至约定地点的义务，某洗煤厂则有支付运费的义务。

某车务段按约定为某洗煤厂运输原煤至指定地点并将货物交付给指定收货人，事实清楚。作为托运人，某洗煤厂最主要的义务是支付运费，那么其应承担是否欠付某车务段运费的举证责任，因其拒不应诉，且经法院合法传唤无正当理由拒不到庭，是某洗煤厂放弃了诉讼权利。根据《中华人民共和国民事诉讼法》（以下简称《民事诉讼法》）第六十四条、《最高人民法院关于适用〈中华人民共和国民事诉讼法〉的解释》第九十条的规定，某车务段已完成举证责任，因某车务段提交的证据足以证明某洗煤厂未支付运费，根据《合同法》第十三条、第二百八十八条、第二百九十二条等规定，某车务段主张某洗煤厂支付拖欠运费的请求，应予支持。依法判决某洗煤厂支付运费和迟交金。

【法理分析】

本案所涉的铁路货物运输合同应该由某车务段还是某洗煤厂负责支付运费的证明责任？

本案中，根据某车务段提交的《铁路货物运输规程》第19条第一款"货物运输费用，按照《铁路货物运价规则》的规定计算。托运人应在发站承运货物当日支付费用。对18点以后承运的货物，车站应在货票（格式二）承运日期戳记下注明'翌'字，其运输费用，可以在次日支付。由于临时发生抢险、救灾、防疫等情况，在发站支付确有困难，经发送铁路局同意，可以后付或由收货人在到站支付"的规定，某车务段以某洗煤厂欠付运费为由，向法院提起诉讼。因某洗煤厂未提交证据，亦未提供答辩意见，也未出庭应诉，故应由某车务段举证证明某洗煤厂在未支付任何运费的前提下，其将某洗煤厂托运的原煤运至指定地点且交付给指定收货人的事实及某洗煤厂不存在可以后支付运费的情形；同时，某车务段还需举证证明在某洗煤厂欠付运费后，其向某洗煤厂实际主张过运费的事实。根据《民事诉讼法》第六十四条第一款"当事人对自己提出的主张，有责任提供证据"和《最高人民法院关于适用〈中华人民共和国民事诉讼法〉的解释》第九十条"当事人对自己提出的诉讼请求所依据的事实或者反驳对方诉讼请求所依据的事实，应当提供证据加以证明，但法律另有规定的除外。在作出判决前，当事人未能提供证据或者证据不足以证明其事实主张的，由负有证明责任的当事人承担不利的后果"的规定，某车务段提交的证据如果不足以证明其事实主张，应承担不利的后果。

审理中，某车务段又提交了如下证据：证据一，《债权债务登记簿》财收-36（某站记录），证明因某洗煤厂未按照约定交付运费，某站在托运当日账簿上作出了相应记录；证据二，往来户历史明细清单，证明某车务段某站在2016年4月15日至2016年4月29日并无某洗煤厂的进款；证据三，运输进款欠补款报告（财收-35），证明因某洗煤厂未支付欠款，补款联仍留存于某车务段；证据四，催缴通知书，证明某车务段的上级单位中国铁路某局集团有限公司在办公系统上公告催缴通知，催缴本案运输费；证据五，北京增值税普通发票，证明某车务段支出公告费用1020元。分析：证据一至证据四，与其曾经提交的货票（丁联）、领货协议、运费杂费收据等证据互相关联、印证；证据五的客观性、关联性、合法性，可以确认，与之前提交的运输进款欠补款报告、欠款催缴通知、货票（丙联）、录音资料和录音通话记录等虽系某车务段单方提供，但相互间有关联、能印证，形成了完整的证据链条，可以认定。

如果认定某车务段已完成运货义务的事实，又以某洗煤厂未出庭，仅凭某车务段单方证据，不能直接证明某洗煤厂欠付运费事实存在为由，加重某车务段的举证责任，驳回某车务段的诉讼请求，属于法律适用错误。理由：（1）依据《最高人民法院关于民事诉讼证据的若干规定》第五条的规定，某车务段已经证明完成运输义务，该事实也已被认定，至此，某车务段的举证义务已经完成，是否支付运费应由某洗煤厂证明。（2）根据《最高人民法院关于适用〈中华人民共和国民事诉讼法〉的解释》第九十一条第一项的规定，某车务段完成运输义务的事实已被证实，如仍要求某车务段继续证明欠付运费的事实，举证责任应由某洗煤厂承担，而非某车务段，否则也是适用法律错误。再者，某洗煤厂逾期不支付运费构成违约，其应向某车务段支付迟交金。

【典型意义】

通过本案应当明确铁路货物运输合同应该由托运人对支付运费承担举证证明责任。铁路货物运输合同不同于一般的运输合同，是铁路运输企业长期以来严格按照铁路有关规定，办理铁路货物运输业务，形成的行业惯例。我国《民事诉讼法》及其司法解释对举证责任的承担有明确的规定，上述案例中双方当事人亦签订了《专用线共用协议》《专用线、专用铁路运输协议》，意思表示真实、合法有效。依据《专用线共用协议》第一条、第三条、第八条及《专用线、专用铁路运输协议》第九条的规定，应视为双方当事人接受《铁路货物运输规程》《铁路货物运价规则》等规定的内容，包括计算运费、迟交金支付规定。本案双方当事人理应按照铁路有关规定及双方的约定，履行铁路货物运输合同。因某洗煤厂一直未支付运费，根据《铁路货物运价规则》第49条"运杂费迟交金，从应收该项运杂费之次日至付款日止，每迟延一日，按运杂费（包括垫付款）迟交总额的千分之三核收"的规定，某车务段请求某洗煤厂支付运费、迟交金的理由成立，也即铁路运输合同中支付运费及其举证证明责任由托运方承担。

编写人员：太原铁路运输中级法院　王权凤

二 合同纠纷案件

1 违约金条款不能完全由当事人约定

【案情简介】

2019年8月沥青公司（甲方）与某公司（乙方）签订《非路产专用线代运营代维护合同》，合同约定如下。工务设施代维护范围：线路1.354公里；道岔4组；服务期限：自2019年1月1日起至2019年12月31日止；工务设施代维护费用（含增值税）为79 210.28元；结算方式：甲方应在合同签订后90个工作日内结算完毕；违约责任：甲方无正当理由未按约定期限支付费用的，每逾期一日按未付款部分的0.5%向乙方支付违约金。合同签订后某公司按合同约定履行义务，沥青公司未按约定支付工务设施代维护费。2020年8月11日沥青公司（甲方）与某公司（乙方）签订《专用线代运营代维护合同》，合同约定如下。工务设施代维护范围：线路1.354公里；道岔4组；服务期限：自2020年1月1日起至2020年12月31日止；工务设施代维护费用（含增值税）为73 366.20元；结算方式：甲方按年度一次性结算服务费用，具体结算时间为2020年11月30日前；违约责任：甲方未按约定期限支付费用的，每逾期一日，按未付价款部分的0.5%向乙方支付违约金。合同签订后某公司按合同约定履行义务，沥青公司未按约定支付工务设施代维护费。

【判决结果】

法院经审理认为，原、被告双方签订的《非路产专用线代运营代维护合同》《专用线代运营代维护合同》是双方的真实意思表示，且不违反法律、行政法规的强制性规定，应为有效合同。合同履行过程中，双方均应遵循诚实信用原则，依约行使权利、履行义务。原告某公司依约履行了工务设施代维护义务，被告沥青公司理应依约履行付款义务。因此某公司请求沥青公司支付 152 576.48 元工务设施代维护费理由正当，于法有据，法院予以支持。原告某公司依约履行了工务设施代维护义务，被告沥青公司理应依约履行付款义务。沥青公司未按合同约定支付工务设施代维护费，构成违约，应承担违约责任。但是，关于某公司要求以 79 210.28 元为基数自 2019 年 12 月 1 日起按日 5‰ 计算违约金和以 73 366.20 元为基数自 2020 年 12 月 1 日起按日 5‰ 计算违约金的诉请，法院认为，虽然双方在合同中约定有违约金计算标准，但因约定标准明显过高，所以根据公平原则酌定违约金应按全国银行间同业拆借中心公布的贷款市场报价利率计算。违约金计算方式为以 79 210.28 元为基数计算自 2019 年 12 月 1 日至实际清偿之日按全国银行间同业拆借中心公布的贷款市场报价利率的金额及以 73 366.20 元为基数计算自 2020 年 12 月 1 日至实际清偿之日按全国银行间同业拆借中心公布的贷款市场报价利率的金额的和。

【法理分析】

《合同法》第八条第一款规定："依法成立的合同，对当事人具有法律约束力。当事人应当按照约定履行自己的义务，不得擅自变更或者解除合同。"由此可以看出，合同为两个以上当事人意思表示一致的法律行为，而且，只要是依法成立的，就具有法律约束性，不得随意变更。而本案法官在审理的过程中，认定了合同依法成立并生效，双方均应按约履行的同时，以"虽然双方在合同中约定有违约金计算标准，但因约定标准明显过高"为由，根据公平原则酌定改变了违约金的计算方式。这一认定，实质上是法官依据自由裁量权依法对合同约定内容的改变，也可以称作违约金的司法调整。

另外，公平原则作为民法的基本原则之一，在《合同法》第五条和《民法典》第六条均做了相应的规定。

【典型意义】

（1）合同类纠纷在当前的经济社会中属于较为频繁发生的纠纷类型之一，也是法院所受理案件中数量最多的案件种类。在订立合同时，双方当事人在合同中对违约金的约定属于民法中意思自治原则的一种。在合同相对人签订合同时，无论是约定具体的合同行为还是约定违约金条款，只要不违反法律的强制性规定，均应依照合同相对人的合意来确定。约定的违约金低于造成的损失的，人民法院或仲裁机构可以根据当事人的请求予以增加；约定的违约金过分高于造成的损失的，人民法院或仲裁机构可以根据当事人的情况予以适当减少。

（2）民法中的意思自治原则，是指法律确认民事主体可以自由的基于其意志去进行民事活动的基本原则。将法律行为建立在私法自治的原则之上，即对内为"意思自主"，对外为"合同自由"。在本案中，法官所采取的是违约金的司法调整，是对合同自由的一种限制。虽然司法权对违约金的调整并不应当是一种对违约金进行调整的常态，但其存在的意义却不可忽视。和其他调整方式相比，违约金的司法调整起到了"底线"的作用。这在最高人民法院审理青岛市光明总公司与青岛啤酒股份有限公司一案中的判决书中有所体现。该判决书中称:《合同法》第一百一十四条等规定已经明确违约金制度以赔偿非违约方的损失为主要功能,而不是旨在严厉惩罚违约方;违约金在我国《合同法》中主要体现为一种民事责任形式,因此,不能说违约金条款完全留待当事人约定,尤其是对数额过高的违约金条款更是如此。所以,允许违约金进行司法调整不但不会影响当事人订立合同时的自由意志,反而会让其在订立合同时更加理性地行使自己的权利,并让当事人在具体的案件中感受到司法的公平正义。

编写人员:山西转型综合改革示范区人民法院
太原铁路运输法院　周建宏

2 建设工程项目未订立书面合同时的价格认定

【案情简介】

原告某文化传媒有限公司于 2011 年 12 月承揽了被告某铁路股份有限公司下属 D 火车站出站口制作、安装全彩显示屏建设工程项目。双方就此工程项目作了口头约定，但未签订正式的书面合同。该工程于 2012 年 1 月 18 日竣工验收，工程质量符合工程建设强制性标准，竣工验收合格率 100%，原、被告双方在竣工验收报告上盖章确认，并交付被告使用。该工程自交付之日起至原告起诉期间，被告未就工程质量及工程价款提出任何异议。双方口头约定，该工程项目待 D 火车站向上级主管部门申请要款计划审批后，双方再正式签订合同并付款。一审法院在开庭审理时，原、被告双方当庭对这一事实予以认可。在此期间，被告所属 D 火车站负责人变更，新任负责人对此工程项目没有进行清算，致使该工程从竣工验收至今被告未向原告支付任何费用。

另 D 火车站于 2011 年向北京某通信技术有限公司购进磁介质窗口制票机 21 套、自动检票机 4 套、服务器 2 台，共计货款 2 596 000 元，双方未签订书面合同。收货单位 D 火车站于 2011 年 11 月 16 日在收货确认单上盖章确认并投入使用。2014 年 12 月 3 日，该通信技术有限公司将该笔债权转让给原告某文化传媒有限公司，并通知了 D 火车站。对债权转让这一事实，被告予以认可。

故原告向法院起诉要求被告支付设备款及安装工程费。

【判决结果】

一审法院经审理认为，原告按照要求完成制作、安装工作，该工程经建设单位、施工单位、使用单位三方验收，竣工验收合格率为100%并交付被告使用，被告理应向原告支付相应的工程款。该项目相关设备价格及安装费用在竣工验收报告及附件上明确列明，且被告所属D火车站在工程竣工验收报告上盖有公章，在该报告关于遗留问题及解决方案栏目项下明确显示为"无"，即被告对该工程项目质量、价格没有任何异议。被告所属D火车站在使用过程中也未对工程质量、价格提出异议。原告起诉要求被告支付设备及安装工程费时，被告以设备价格高为由提出抗辩，这有悖于诚实信用原则。另D火车站出站口全彩显示屏项目供货商与被告下属T火车站进站口全彩显示屏项目供货商均系北京某通信技术有限公司。两个工程的供货时间基本同期，通过对两个工程主要设备及材料价格进行比对，价格基本相同，且被告下属T火车站进站口全彩显示屏工程项目经竣工验收后，工程款已全部结算。被告认为原告提供的项目造价及设备价格均明显高于同时期相应市场价格的答辩理由，由于其并未提供相应证据来证明其主张，且被告下属D火车站在竣工验收报告上盖章确认，可认定该工程价款是原、被告双方意思一致的表示。该价格在没有违反国家强制性规定，也没有损害第三人利益的情况下，法院不应过多干预。故一审法院判决：一、被告某铁路股份有限公司于本判决生效之日起十日内支付原告某文化传媒有限公司D火车站出站口全彩显示屏工程设备及安装费人民币6 486 086元及逾期付款利息（以6 486 086元为基数，从2012年1月19日起按中国人民银行同期同类人民币贷款基准利率计算至付清时止）；二、被告某铁路股份有限公司于本判决生效之日起十日内支付原告某文化传媒有限公司制票机、验票机、服务器设备款人民币 2 596 000 元及逾期付款利息（以 2 596 000 元为基数，从 2011 年 11 月 17 日起按中国人民银行同期同类人民币贷款基准利率计算至付清时止）。

被告某铁路股份有限公司不服一审判决，提起上诉。二审法院审理后认为，原审判决认定事实清楚，适用法律正确，但对于原告主张的显示屏设备及安装费逾期付款利息，原审判决按照人民银行同期同类人民币贷款基准利率计算，未支持原告所提按照同期人民银行贷款利率上浮 30% 计算的诉讼请求，但未在判项中予以驳回。故二审法院依照《民事诉讼法》第一百七十条第一款第一项、第二项的规定，判决：一、维持一审判决第一、第二项；二、驳回原告某文化传媒有限公司其他诉讼请求。

【法理分析】

未签订书面合同时，建设工程价款如何认定？

本案中，法院根据诚实信用原则，合理地利用推定原则，有理有据。本案原告按照要求完成制作、安装工作，该工程经建设单位、施工单位、使用单位三方验收，竣工验收合格率为 100% 并交付被告使用，被告理应向原告支付相应的工程款。该项目相关设备价格及安装费用在竣工验收报告及附件上明确列明，且被告所属 D 火车站在工程竣工验收报告上盖有公章，在该报告关于遗留问题及解决方案栏目项下明确显示为"无"，即被告对该工程项目质量、价格没有任何异议。被告所属 D 火车站在使用过程中也未对工程质量、价格提出异议。原告起诉要求被告支付设备款及安装工程费时，被告以设备价格高为由提出抗辩，这有悖于诚实信用原则。

【典型意义】

（1）任何一方市场主体在日常经济活动中都应当遵守诚实信用原则。诚实信用原则要求一切市场参与者在不损害他人利益和社会公共利益的前提下，合法追求自己的利益。诚实信用是市场经济活动的道德准则。在民事活动中，许多纠纷的产生源于当事人未能形成书面凭证，口头承诺因未能以书面形式体现，可能使部分民事主体产生"赖账"的心理。对由此产生的纠纷，人民法院通过结合案件其他证据，查明案件基本事实并凭借经验法则，合理地通过推定规则予以认定，既是对诚实信用原则的诠释和贯彻，也对此类案件的办理提供了经验借鉴。

（2）建议双方当事人在订立合同时尽量采用书面形式，明确双方的权利义务及违约责任的承担等内容。

编写人员：中吕律师事务所　李　劲

3 用人单位与劳动者就劳动合同争议赔偿事项达成的协议应当依法履行

【案情简介】

李某系某铁路公司工务段职工，双方之间存在劳动争议。2018年12月25日，李某与某工务段在协商一致的情况下，就劳动争议补偿事项达成《诉求解决协议书》，协议约定某工务段为李某提供一次性经济补偿金115 605.4元等事项。协议签订后，被告某工务段未按协议履行。2020年，李某向人民法院提起民事诉讼，请求人民法院判令某工务段立即支付一次性经济补偿金115 605.4元。

某工务段在诉讼中提出：（1）某工务段与李某之间的劳动关系已在另案仲裁裁决书生效时终止，并且劳动裁决的内容已经执行完毕，双方之间不存在任何权利义务关系，某工务段在法律上并没有义务向李某支付生活补助，某工务段与李某签订《诉求解决协议书》时存在重大误解，该协议属于可撤销协议。（2）某工务段属于分公司，不是独立法人，不具有企业法人资格，没有独立财产，只能在总公司的授权范围内进行相关经营活动，签订《诉求解决协议书》超过了总公司对某工务段的授权范围，并且总公司明确表示拒绝追认，不承认该协议，故该协议应属无效，李某基于协议请求支付款项没有法律依据。

一审法院经审理认为,劳动者与用人单位可以就解除或者终止劳动合同的各项赔偿进行协商。李某与某工务段于2018年12月25日在协商一致的情况下达成的《诉求解决协议书》,系双方的真实意思表示,该协议内容未违反有关法律、行政法规的禁止性规定,其合法有效并受法律保护。在该《诉求解决协议书》未被依法撤销的情况下,双方均应按协议履行义务。关于某工务段辩称的"其单位属于分公司,不是独立法人,不具有企业法人资格,没有独立财产,其单位在2018年与李某签订的《诉求解决协议书》超过了总公司对其单位的授权范围,且总公司拒绝追认,不承认该协议,因此该协议应该是无效的",因某工务段在企业性质上虽为分公司,但其具有自己的营业执照,具有独立的财产和办公地点,同时也有总公司给予的相应人员和经费,其有权自行处理与分公司有关的相关事务,故对某工务段的此项辩解不予采信。涉案协议已被认定为合法有效协议,某工务段主张撤销该协议,但未在法定期限内提出且理据不足,故某工务段应按协议履行相应义务。因此,一审判决某工务段向李某支付一次性经济补偿金115 605.4元,某工务段不服一审判决提起上诉,二审驳回上诉,维持原判。

【法理分析】

1. 用人单位与劳动者就劳动合同争议赔偿事项达成的协议应当依法履行

目前,《中华人民共和国劳动合同法》(以下简称《劳动合同法》)等法律规定并不禁止用人单位与劳动者就劳动合同争议赔偿事项通过协商一致达成协议。在不违反法律、行政法规禁止性规定的情况下,所达成的协议应属合法有效。按照《民法典》第一百七十六条

"民事主体依照法律规定或者按照当事人约定，履行民事义务，承担民事责任"的规定可知，对于民事主体之间合法有效的协议约定，各方均应依法履行。因此，在实践中，如用人单位与劳动者之间就劳动合同争议赔偿等事项依法达成协议的，双方均应严格依约履行，以免因违约而产生相应的法律风险。

2. 分公司所签合同并非必然无效

关于分公司签订合同的问题，首先，根据《民法典》第二条"民法调整平等主体的自然人、法人和非法人组织之间的人身关系和财产关系"和第四百六十四条第一款"合同是民事主体之间设立、变更、终止民事法律关系的协议"的规定可知，合法注册成立并领取营业执照的分公司，为非法人组织，可以作为合同的签约主体。其次，《民法典》第七十四条规定："法人可以依法设立分支机构。法律、行政法规规定分支机构应当登记的，依照其规定。分支机构以自己的名义从事民事活动，产生的民事责任由法人承担；也可以先以该分支机构管理的财产承担，不足以承担的，由法人承担。"由此可知，分公司有管理的财产的，可以对其以自己名义从事民事活动而产生的民事责任以其管理的财产承担责任。

因此，分公司有权对外签订合同，处理与其自身相关的事务，且只要相关合同内容不违反法律行政法规的禁止性规定，应属有效合同，分公司可以以其管理的财产承担民事责任。具体到本案，经人民法院审理查明，某工务段虽为分公司，但其具有自己的营业执照，具有独立的财产和办公地点，同时也有总公司给予的相应人员和经费，其有权自行处理与分公司有关的相关事务。因此，其有权签订涉案协议，并应当根据协议约定履行义务。

3. 民事法律行为撤销权应当在法定期限内行使

关于民事法律行为撤销权的行使期限问题，《民法典》在第一百五十二条作出了明确规定："有下列情形之一的，撤销权消灭：

（一）当事人自知道或者应当知道撤销事由之日起一年内、重大误解的当事人自知道或者应当知道撤销事由之日起九十日内没有行使撤销权；（二）当事人受胁迫，自胁迫行为终止之日起一年内没有行使撤销权；（三）当事人知道撤销事由后明确表示或者以自己的行为表明放弃撤销权。当事人自民事法律行为发生之日起五年内没有行使撤销权的，撤销权消灭。"因此，如果民事主体认为民事法律行为存在可撤销情形的，其应当按照上述法律规定及时行使撤销权，以免超过法定期限而丧失撤销权。

在本案中，某工务段主张涉案协议存在重大误解的可撤销情形，但涉案协议签订于2018年，某工务段在该案中主张撤销协议，已明显超出法定期限。

【典型意义】

（1）劳动者与用人单位之间产生的劳动争议大量集中在劳动报酬等待遇追索方面。在处理劳动赔偿事项时，部分劳动者或用人单位通过劳动仲裁、民事诉讼的方式解决争议，也有部分劳动者和用人单位通过自行协商一致签订协议的方式解决争议。但在实践中，因劳动者与用人单位自行协商签订的补偿协议并不具有法律强制执行力，存在用人单位拖延或拒绝按照协议约定履行义务的情况，这对于劳动者合法权益获得及时保护产生了不利影响，同时也增加了劳动者的维权成本。

（2）分公司虽然不具有独立的法人资格，但是依照法律的规定进行登记，取得了营业执照，具备了经营资格，可以以自己的名义对外签订合同，但要在总公司授权的范围内进行。

编写人员：中吕律师事务所　吴　强

三 买卖合同纠纷案件

1 分公司法律责任的承担

【案情简介】

2015 年，甲公司与乙公司的分公司丁达成口头协议，约定甲公司向丁购买煤炭，丁负责煤炭运输等相关事宜。协议达成后，甲公司于 2015 年 10 月 14 日、2015 年 10 月 23 日、2015 年 10 月 28 日、2015 年 10 月 29 日分别向丁支付货款 1 650 000 元、1 000 000 元、1 200 000 元、150 000 元，总计 4 000 000 元的煤炭预付款。丁通过铁路运输将 10 887 吨煤炭由李家平站运到颜庄（济）站。其向丙公司支付煤炭款 2 000 000 元，向某车务段支付铁路运费 1 800 000 元，并于 2015 年 11 月 26 日向甲公司开具 3 647 145 元的增值税专用发票。后双方于 2015 年 12 月 30 日补签了《煤炭买卖合同》，约定丁为甲公司开具增值税专用发票，每吨单价 335 元（含铁路运费），数量 10 887 吨，一票结算。丁多支付丙公司煤炭款 333 744.65 元，其尚欠甲公司煤炭款 19 110.35 元。

乙公司不服一审判决，向某中级法院提起上诉请求：撤销原判决，改判上诉人乙公司不承担支付被上诉人煤款 333 744.65 元的连带责任，一、二审诉讼费用全部由被上诉人承担。

【判决结果】

二审法院认为：一、关于被上诉人甲公司是否伪造证据、虚构案件事实。本案中，甲公司依约定向丁支付了总计 4 000 000 元的煤炭预付款，丁将 10 887 吨煤炭运到约定的交货地点，并向甲公司开具 3 647 145 元的增值税专用发票，本案二审期间双方当事人也确认甲公司与丁所签的《煤炭买卖合同》是真实的。据此，本案甲公司的诉求所依据的事实真实存在，其行为不应认定为虚构案件事实。即使甲公司提供的证据存在错误，其并不影响本案客观事实的认定，也不能改变各方当事人的实体权利和义务，一审法院对乙公司提出的合同公章真实性鉴定申请作出不予鉴定的决定并无不妥。

二、关于上诉人乙公司是否应对第三人丙公司支付被上诉人甲公司 333 744.65 元货款承担连带责任。甲公司与丁签订的《煤炭买卖合同》系双方真实意思表示，且不违反法律规定，双方均应按约履行。本案中，丁为甲公司开具增值税专用发票，甲公司与丁作为买卖合同相对方履行了合同约定的付款、交货、开具发票等义务，这符合买卖合同的交易规则。第三人丙公司不是合同签订、履行的主体，但其实际负有返还多收取预付煤款的义务。上述交易模式中，甲公司与丁依交易习惯，互相向对方出具《付款委托书》《委托结算书》，不能据此否认双方当事人存在买卖合同关系。根据合同相对性，甲公司有权要求丁返还多支付的预付款，因丁不具有法人资格，应当由其法人单位乙公司承担返还责任，符合法律规定。一审法院判决乙公司与丙公司对多支付给丙公司的货款承担连带责任，并未加重乙公司的责任，法院予以确认。

三、关于一审法院适用《合同法》第一百零九条是否正确。本案为返还多支付预付款纠纷，而《合同法》第一百零九条规定的是未支付价款或者报酬的违约责任，因此，一审法院依据《合同法》第一百零九条的规定，判决乙公司、丙公司支付甲公司多付的预付款，在适用法律上存在瑕疵，二审法院予以纠正。

二审法院依照《合同法》第六条和第六十条、《民事诉讼法》第一百七十条第一款第一项、《最高人民法院关于适用〈中华人民共和国民事诉讼法〉的解释》第三百三十四条的规定，判决：驳回上诉，维持原判。

【法理分析】

1. 合同纠纷案件不能突破合同相对性原则

《民法典》第一百一十九条规定："依法成立的合同，对当事人具有法律约束力。"

合同的相对性原则是指：（1）主体的相对性，即指合同关系只能发生在特定主体之间，只有合同当事人一方能够向合同的另一方当事人基于合同提出请求或提起诉讼。（2）内容的相对性，即指除法律、合同另有规定以外，只有合同当事人才能享有合同规定的权利。

具体到本案，涉案合同的签订主体是甲公司与丁，签订双方均应按约履行。根据合同相对性，甲公司有权要求丁返还多支付的预付款。

2. 分公司的法律地位问题

分公司的法律地位涉及分公司的诉讼地位与责任承担能力问题。

分公司的诉讼地位体现在《民事诉讼法》第四十八条及《最高人民法院关于适用〈中华人民共和国民事诉讼法〉的解释》第

五十二条第一款第五项的内容。根据两处条文的规定，分公司的法律地位被定义为其他组织，可以作为民事诉讼的当事人，并由其主要负责人代表参加诉讼。条文对分公司的其他组织地位进行了解释，即"合法成立、有一定的组织机构和财产，但又不具备法人资格的组织"。可以参加诉讼并非必要作为当事人进行诉讼，是否参加诉讼取决于当事人的选择。当事人选择分公司作为被告进行诉讼后，法院要根据分工的情况进行判断。判断的标准：一是分公司要合法成立，二是要以一定的组织机构和财产为基础。这两项标准为必然选择条件，缺乏其一，分公司均不能作为独立民事主体参加诉讼。

具体到本案，丁合法成立，有一定的组织机构和财产，符合有关诉讼参加人的规定，可以作为本案被告参加诉讼。

在分公司的责任承担方面，根据《公司法》第十四条的规定，分公司不具有法人资格，其民事责任由总公司承担。分公司是总公司分支机构的一种形式，是总公司根据经营业务的种类或区域划分的需要，进行内部分工设立的机构。分公司具有独立的办事机构，拥有总公司授予管理的财产，具有独立开展业务的条件。但其不是独立的公司法人机关，也不是独立的纳税主体，其承担的民事责任范围不以其经营管理的财产为限，总公司对分公司经营期间的债务承担清偿责任。司法实践中，多是分公司与总公司作为共同被告，判决共同承担责任。但在执行的时候，一般是先执行分公司的财产，分公司的财产不足再执行总公司的财产。

【典型意义】

分公司承担的民事责任归属于总公司，为此总公司在分公司合同的签订及履行中要按照现代企业管理方式，把好合同签约关和合同履行关。要建立合同台账和档案管理制度确保合同履行情况监督到位。事前监控和事后及时监督检查是企业及公司对合同管理的两个主要阶段、两个层次的控制，是一个完整的合同管理控制体系。企业及公司对合同的管理，不能消极地等待合同发生纠纷后，才去确定和追究有关人员的责任，而是应该充分发挥企业及公司内部管理功能，从合同签约到合同完全履行，把事前监控和事后监督检查有机地衔接起来，严格把住合同签约、审核和履行等主要环节，真正做到重视合同、恪守信用，最大限度避免经济纠纷，以保障企业及开办公司在市场经济中的正常发展。

编写人员：太原铁路运输中级法院　郭文清

2 赠品的交付不能成为拒付款的理由

【案情简介】

2012 年，某公司因太原南站项目开工建设向上海某公司采购高铁专用保温箱等设备。至 2014 年 12 月，上海某公司向某公司提供了专用保温箱等设备，某公司收到后已投入使用。2017 年 8 月 17 日，双方经议价确定货款金额为 1 080 000 元。同年 12 月 4 日，双方补签了《配餐洗涤中心（专用保温箱）买卖合同》。上海某公司已按合同约定于 2017 年 12 月 14 日向某公司开具了相应发票，但某公司至今未支付货款。

【判决结果】

法院经审理认为，上海某公司与某公司签订的买卖合同系双方真实意思表示，合同内容不违反法律规定，双方均应按约履行。上海某公司履行供货义务后，某公司应按合同约定支付货款。某公司欠付货款的行为构成违约，应就其违约行为承担相应的民事责任，故对上海某公司主张某公司支付货款 1 080 000 元的诉讼请求，法院予以支持。关于某公司辩称其因上海某公司未交付赠品制冷压缩机故而拒绝付款的答辩意见，法院认为，赠品的交付与否与货款的支付不构成合同对价义务，某公司不能以此为由拒绝付款，且上海某公司在案件审理过程中已交付某公司一台制冷压缩机作为赠品，某公司予以接收，并无异议，故对某公司的答辩意见，法院不予采纳。

【法理分析】

1. "买一赠一"销售行为中赠品的法律性质

随着市场经济的深入发展，市场竞争越来越激烈。商品出卖人为宣传或推销产品，用尽了各种销售手段。"买一赠一"这种附赠式销售就是一种常见的竞争手段。赠品不是无偿赠送的，赠品也是商品，同样具有价值，也应是买卖合同的一部分。

赠品促销，实质上是一种买卖关系，而不是赠与关系。出卖人的"买一赠一"并不等于民法上的赠与行为，买受人必须先付出对价，然后才享有取得赠品的权利，而且民法上的赠与不以收益为目的，不附加任何给付条件。

从性质上分析，出卖人"买一赠一"的行为性质上是一种要约行为。出卖人发出"买一赠一"的消息是对广大买受人的一种要约，只要买受人承诺购物，"买一赠一"合同即告成立。出卖人赠送的物品成为合同约定的销售商品，出卖人有义务按照合同给付所谓赠送的商品，并保证商品质量。

2. 部分支付不能作为偿还全部债务的有效对价

本案中，出卖人上海某公司将专用保温箱等设备全部交付某公司，仅是赠品制冷压缩机未及时交付。上海某公司已经履行了合同的绝大多数义务，而某公司以赠品未予交付拒绝履行全部付款义务，双方之间的权利义务不构成对价关系，因为对价本身是一种等价交换。某公司应当履行付款义务，履行完付款义务后可以要求上海某公司承担未予交付赠品的违约责任或者扣下相当于赠品的价款，然后将保温箱等设备对等的价款支付给上海某公司。

【典型意义】

"买一赠一"附赠式合同中的赠品属于什么性质的合同，是买卖合同的一部分还是赠与合同，这是审理中的难点。要把握好买卖合同与赠与合同的本质区别。买卖合同中的赠品具有成本，是以一种交易的形式完成的，是有偿的，其成本应计算到主商品的价值里；而赠与合同是无偿的，且赠与人在赠与财产的权利转移之前可以撤销赠与。本案中的赠品不是无偿的，双方当事人均应按合同约定的义务履行。

另外，对价原则在合同履行中也非常重要。对价是指当事人一方在获得某种利益时，必须给对方相应的代价。对价类似于等价交换。买受人不能因为出卖人没有履行附随义务而拒约履行自己的主要义务，这种抗辩是不符合权利义务对等原则的。本案中出卖人上海某公司履行了合同的主要义务，仅是赠品未予交付，买受人不能以此对抗其全部付款义务。本案提示双方当事人在买卖合同中应当履行自己应付的合同义务，而不应利用对方的瑕疵拒绝履行自己的主要义务。

编写人员：山西转型综合改革示范区人民法院

太原铁路运输法院　杨永生

四 建设工程施工合同纠纷案件

举证责任在民事诉讼中的地位

【案情简介】

甲乙丙三方签订《建设合同》。合同约定甲方为出资方，乙方为委托管理方，丙方为工程施工方，工程为西综合维修工区道路硬化，合同工程款为 1 300 000 元。在施工过程中，乙方支付 452 000 元工程垫付款给施工方。2016 年 9 月 22 日，乙方与丙方签订《退款协议》，约定甲方支付被告全部工程款后，丙方应该在 3 个工作日内退还乙方垫付款 452 000 元。甲方于 2017 年 8 月 24 日支付给丙方工程款 1 235 000 元，于 2017 年 12 月 28 日支付给丙方工程质保金 65 000 元，至此甲方共向丙方支付工程款及工程质保金总计 1 300 000 元。丙方于 2018 年 1 月 18 日退还乙方垫付款 52 000 元，剩余垫付款 400 000 元未退还。

2019 年，乙方将丙方诉至法院，请求判令丙方支付剩余付款。

被告丙方在诉讼中辩称，2014 年其与某村委会签订一份《水泥路施工合同》，总价款 4 391 754.55 元。合同约定该工程款由乙方承担其中的 1 300 000 元。在此合同生效的基础上，丙方、乙方和甲方三方又签订了综合维修工区道路硬化建设合同，工程价款为 1 300 000 元。在施工过程中，乙方给丙方垫付款 452 000 元。2016

年9月22日，双方签订退款协议，约定甲方支付给丙方全部工程款后，丙方退还上述垫付工程款。后来丙方支付给原告乙方52 000元，因某村委会一直未支付剩余工程款，故丙方未能将剩余400 000元退还给乙方。2018年，乙方、丙方和某村委会三方达成债权债务协议，某村委会在应付被告的工程款中支付乙方400 000元。三方经过债权债务转移，丙方应退还的款项应当由某村委会承担。请求法院驳回乙方诉讼请求。丙方针对其意见向法院提交了：（1）某村委会和丙方签订的《水泥路施工合同》。证明被告丙方对原告乙方和某村委会共同使用的道路进行了施工，该工程总价为4 391 754.55元，乙方承担其中1 300 000元工程款。（2）某村委会与乙方签订的《道路建设使用协议书》，证明丙方的工程已经完工，该道路由甲方和某村委会共同使用两项证据材料。

此外，丙方在庭审中向法院申请追加某村委会为本案共同被告。

【判决结果】

法院认为，甲乙丙三方签订《建设合同》，以及乙方、丙方签订的《退款协议》均系各方当事人的真实意思表示，且不违反法律禁止性规定，应认定为合法有效。《合同法》第八条第一款规定："依法成立的合同，对当事人具有法律约束力。当事人应当按照约定履行自己的义务，不得擅自变更或者解除合同。"第六十条第一款规定："当事人应当按照约定全面履行自己的义务。"本案中，甲方已经按照《建设合同》的约定给付丙方全部工程款，丙方应按照《退款协议》的约定退还原告垫付款。丙方仅退还乙方52 000元垫付款，还剩400 000元垫付款至今未退。故原告乙方的诉讼请求于法有据，应当予以支持。依照《合同法》第八条第一款、第六十条第一款的规定，判决被告丙方于本判决生效之日起十日内支付原告乙方垫付款 400 000 元。

【法理分析】

本案事实及法律关系较为简单明确，诉讼双方对于垫付款事实、数额、《还款协议》及履行情况均没有异议，唯一的争议在于丙方提出的其与乙方、某村委会签订了债务转移三方协议，协议签订后其不应再承担对乙方的还款责任。但对于丙方这一意见，其并没有提交任何书面的证据而是提出让乙方向法庭提交债务转移协议。乙方则认为丙方无权责令其提交该协议，且不存在所谓的债务转移三方协议。考虑到企业间签订协议，各方都应该留存原件，丙方对于妥善保管已签订生效的协议本身就存在相关义务，可其不仅无法提供该协议原件或复印件，要求乙方向法庭提交遭到反驳后也未向法庭申请调取或自行调取存放于某村委会的协议原本，同时提不出合理解释，无法证明其主张的真实性。根据本案审判期间适用的《最高人民法院关于民事诉讼证据的若干规定》第二条"当事人对自己提出的诉讼请求所依据的事实或者反驳对方诉讼请求所依据的事实有责任提供证据加以证明。没有证据或者证据不足以证明当事人的事实主张的，由负有举证责任的当事人承担不利后果"的规定，对丙方主张的存在三方债务转移协议，其不应承担对乙方的还款责任的主张不应予以支持。

对于丙方提交的两项证据，《水泥路施工合同》的签订主体为某村委会和丙方，乙方并不是合同的相对人，该合同对其不产生法律效力。《道路建设使用协议书》是乙方与某村委会共同建设维修工区道路硬化工程，完工后双方对道路使用权所作的约定，与丙方是否应偿还乙方垫付款的事实无关。

综上，对被告人丙方提出的答辩意见既不应支持，也不应追加某村委会为本案共同被告。

【典型意义】

举证责任在民事诉讼中的地位举足轻重，是当事人对自己提出的主张，向法院提出证据并加以证明的责任，以免待证事实处于真伪不明而给自己带来不利的诉讼后果，也就是《民事诉讼法》第六十四条规定的"谁主张谁举证"原则。无论是原告向人民法院提起诉讼还是被告提出反驳意见，都应当提交符合合法性、真实性、关联性的证据材料。因为法院认定事实、裁决是非，依据的就是证据和法律。所以要想赢得诉讼，不管是原告还是被告，都要有充足的证据，一切靠证据说话，否则实体权利主张就可能得不到人民法院的确认和保护，有败诉的风险。

合同双方当事人对书面合同、债权债务转移协议等原件要妥善保管，否则，在诉讼过程中若提供不出证据证明自己主张的事实，将会承担举证不利的诉讼后果。

编写人员：山西转型综合改革示范区人民法院

太原铁路运输法院　何　翀

五 煤矿承揽合同纠纷案件

继续履行与赔偿损失可同时适用

【案情简介】

2016 年 2 月 16 日，某铁路股份有限责任公司与某煤矿签订了《非路产专用线委托维修合同》。合同约定由某煤矿委托某铁路股份有限责任公司对其所属的煤炭专用线进行维修，年度维修费用186 600 元，该煤矿于当年 3 月 1 日前向该铁路股份有限责任公司一次付清。合同签订后，该铁路股份有限公司依约履行了线路维修义务，但该煤矿未按约支付维修费用。故某铁路股份有限责任公司将某煤矿诉至法院，要求支付维修款及赔偿利息损失。

【判决结果】

法院经审理认为，原告与被告签订的《非路产专用线委托维修合同》系双方真实意思表示，符合法律规定，双方应按约履行。原告依约为被告进行线路维护，被告未及时支付维修款，构成违约，应就其违约行为承担民事责任。《非路产专用线委托维修合同》中约定的付款时间为 2016 年 3 月 1 日，原告主张自 2016 年 12 月 31日起计算利息损失，符合法律规定。故对原告主张被告支付线路维修款并赔偿利息损失的诉讼请求，予以支持。

【法理分析】

本案审判期间所适用的《合同法》第一百零七条规定："当事人一方不履行合同义务或者履行合同义务不符合约定的，应当承担继续履行、采取补救措施或者赔偿损失等违约责任。"本条规定了民事主体不履行合同义务或者履行不符合约定，应当承担违约责任。违约责任具有补偿性，补偿性原则体现在：一是因违约造成财产损失的情况下，应当以实际损失作为确定赔偿范围的标准，无损失则无赔偿。二是损失赔偿不能超过实际损失。违约责任的补偿性，也就意味着违约方的相对方不能因此获利。具体到本案当中，被告未依约如期支付维修款，造成原告预期的利息损失，被告应当予以赔偿。

《民法典》第五百八十三条规定："当事人一方不履行合同义务或者履行合同义务不符合约定的，在履行义务或者采取补救措施后，对方还有其他损失的，应当赔偿损失。"本条是关于继续履行或者采取补救措施后损失赔偿责任的规定。对于继续履行和赔偿损失的适用，一般应坚持以下原则：一是继续履行是应当优先保护的履行方式。因为继续履行能够使守约方获得原合同约定的利益，并能防止违约方通过违约从事投机，获取不正当利益。二是继续履行后，对守约方的实际损失，应当按照全面赔偿的原则，实现合同订立时的预期利益。也就是说，继续履行后，可以并用损害赔偿。除非违约方已经赔偿了守约方在合理正常履行状态下所应获得的全部利益，且守约方不宜主张要求继续履行，否则损害赔偿和继续履行是可以并用的。具体到本案当中，被告应当继续履行支付维修款的义务，同时，对于原告的预期利息也应当进行赔偿，赔偿原告的利息损失。

合同订立后对双方当事人均产生法律上的约束力，任何一方违反合同规定，要承担相应的违约责任。一方当事人违约后，守约方可同时要求违约方继续履行和赔偿损失，两者可同时适用。但是如果违约方已经赔偿了守约方在合理正常履行状态下所应获得的全部利益，则守约方不能再要求违约方继续履行。

本案为我们认真解读违约责任提供了契机，同时对于继续履行与赔偿损失能否同时适用具有一定的借鉴意义。对于案件审理中出现的类似情况，可以使我们明晰何种情况下同时适用继续履行与赔偿损失，何种情况不能同时适用。

编写人员：大同铁路运输法院　王芷珺

六 债权转让纠纷案件

债权转让后债务人应当向受让人履行债务

【案情简介】

某客运段分别于 2012 年 12 月和 2013 年 12 月向某厨房工程有限公司购买了价值 1 475 300 元的设备。设备已全部交付使用，但是款项尚未支付。2016 年 11 月 14 日，某厨房工程有限公司与某食品科技有限公司签订了债权转让协议，并通知了某客运段，但其至今未向某食品科技有限公司履行债务。某客运段以某厨房工程有限公司所售设备中的高温杀菌釜和蒸汽夹层锅系特种设备未按合同约定办理特种设备使用登记证，且高温杀菌釜未安装完毕为由拒绝付款。

【判决结果】

法院经审理认为，某客运段与某厨房工程有限公司基于买卖合同关系产生的债权真实合法。某厨房工程有限公司与某食品科技有限公司签订的债权转让协议系双方真实意思表示，债权转让符合法律规定，且已通知债务人。某客运段作为债务人应当向受让人即某食品科技有限公司履行付款义务。某客运段不履行债务的行为构成违约，故对某食品科技有限公司主张某客运段支付货款 1 475 300 元的诉讼请求，法院予以支持。关于某客运段辩称以某厨房工程有限公司未办理特种设备使用登记证，且高温杀菌釜未安装完毕为由行使抗辩权不予付款的答辩意见，法院认为，某厨房工程有限公司与某客运段在购销合同中约定合同价格包含办证费用，并未明确约定由某厨房工程有限公司负责办理相关证件，并根据《中华人民共和国特种设备安全法》第三十三条"特种设备使用单位应当在特种设备投入使用前或者投入使用后三十日内，向负责特种设备安全监督管理的部门办理使用登记，取得使用登记证书"的规定，某客运段作为特种设备使用单位，应由其向相关部门申请办理使用登记证书；且某客运段无证据证明某厨房工程有限公司未依据合同约定履行高温杀菌釜的安装义务，故对某客运段的答辩意见，法院不予采纳。综上，依照《合同法》第七十九条、第一百零九条的规定，判决如下：某客运段于本判决生效后十日内支付某食品科技有限公司货款1 475 300 元。

【法理分析】

1. 债权转让的法律规定及合同效力的认定

《合同法》第八十条第一款"债权人转让权利的，应当通知债务人。未经通知，该转让对债务人不发生效力"明确了我国在债权转让与对债务人生效的问题上采用的是通知原则。债权人转让权利的，只需通知债务人，即对债务人发生效力。

《合同法》第七十九条规定："债权人可以将合同的权利全部或者部分转让给第三人，但有下列情形之一的除外：（一）根据合同性质不得转让；（二）按照当事人约定不得转让；（三）依照法律规定不得转让。"

2. 符合规定的债权转让合同，债务人应当向受让人履行债务行为

债权人与受让人须达成债权转让协议。债权转让是一种处分行为，必须符合民事行为的生效条件。如果债权转移的主体不适合，当事人的意思表示不真实，签订的债权转让合同无效。因此，债权的转让以有效的债权转让协议为条件，且符合民事法律行为的有效要件。其具有以下含义：（1）权利转让的主体是债权人和第三人，债务人不可能成为合同权利转让的当事人；（2）合同权利转让的对象是合同债权，其与物权的转让在本质上是不同的；（3）合同权利的转让既可以是全部转让，也可以是部分转让。在权利部分转让的情况下，受让人作为第三人将加入原合同关系中，与原债权人共同享有债权；而当权利全部转让时，受让人则完全取代转让人的地位而成为合同的当事人，原合同关系消亡，产生了新的合同关系。

【典型意义】

债权转让必须通知债务人。根据《合同法》第八十条第一款的规定，法律要求转让权利应及时通知原合同当事人另一方，只有原合同的债权人在法定的期限或者约定的期限内通知债务人，此权利转让行为对债务人方产生法律效力。如果原合同的债权人未履行转让权利的通知义务，该转让行为对原债务人就不发生法律效力，受让人就无权要求原债务人履行合同义务，原债务人对受让人的履行请求具有抗辩权。

具体到本案，首先，某厨房工程有限公司与某客运段有债务来往，某客运段尚未履行债务。其次，某厨房工程有限公司与某食品

科技有限公司签订了债权转让协议，将该债权转让给该公司并且通知债务人。债务人与某厨房工程有限公司基于买卖合同关系产生的债权真实合法，某厨房工程有限公司与某食品科技有限公司签订的债权转让协议系双方自愿，债权转让符合法律规定，且已通知债务人。因此债务人应当向受让人即某食品科技有限公司履行付款义务。

编写人员：太原铁路运输中级法院　张　虓

七 其他类型纠纷案件

1 疏于管理造成他人损失应承担赔偿责任

【案情简介】

1983 年 4 月 1 日，同胞三兄弟郭某华、郭某富、郭某贵经某县房地产管理局批准，在城外西关原三旅店东南空地内建造南窑北窑各 3 间，同时还建有东房两间、西房两间。同年，某房建段在三兄弟房屋东面建起一排坐西向东人字形房顶的西房，并紧贴三兄弟正房南房之东墙、东房之后墙建起了围墙。某房建段西房之后墙与围墙之间距离为 1.4 米。1984 年某铁路职工分别入住新修西房，并建小厨房。2012 年，铁路职工全部搬迁新房，原各家所建小厨房全部坍塌，杂物堆积无人清理。三兄弟发现其房屋山墙下沉裂缝形成危房之后向一审法院申请，请求排除损害，并修缮其房屋。

【判决结果】

一审法院经审理认为，郭某华、郭某富、郭某贵之房院为经某县房地产管理局批准所建并经该县人民政府核发房屋所有权之房产，为合法所有之财产。某房建段职工全部搬迁新房后，由于某房建段疏于对该所有之宿舍房屋进行管理，致其所有之房屋房顶在雨季出水冲蚀了郭某华、郭某富、郭某贵房屋山墙，其房屋受到侵害并受损，某房建段应依法承担侵权责任。某房建段提起上诉。二审法院经审理认为，一审中某工程检测有限公司及某造价咨询有限公司出具的鉴定意见书为真实、有效、合法的证据，且某房建段未提出重新鉴定之申请，故二审驳回上诉，维持原判。

【法理分析】

1. 原审法院委托鉴定程序具备合法性

郭某华、郭某富、郭某贵于 2018 年 5 月 28 日向某县人民法院起诉，某县人民法院对本案进行诉前调解。其间，被上诉人提出鉴定申请，某县人民法院依法委托某工程检测有限公司对郭某华、郭某富、郭某贵房屋受损是否与某房建段所属房屋排水存在因果关系及该房屋是否构成危房进行鉴定，委托某工程造价咨询有限公司对郭某华、郭某富、郭某贵房屋修缮费用进行鉴定。一审庭审中，某房建段对两份鉴定意见的真实性、合法性予以认可，并未提出重新鉴定申请。经审查，以上鉴定机构均具备鉴定资质，鉴定程序合法，所做出的鉴定意见依法可以作为证据使用。

2. 某房建段应承担侵权责任

本案中，郭某华、郭某富、郭某贵的房屋与某房建段职工宿舍为相邻关系。其职工全部搬迁新房后，房建段作为管理者疏于对其所有的宿舍进行管理，致使相邻个人的房屋受损。依据《中华人民共和国物权法》（以下简称《物权法》）第八十六条第一款"不动产权利人应当为相邻权利人用水、排水提供必要的便利"的规定，建房时应当尽量避免房檐滴水造成相邻方损害，造成损害的，对方有权要求排除妨碍，赔偿损失。原审法院依据鉴定意见判决某房建段承担侵权责任，并无不当。

【典型意义】

相邻关系是日常生活中必不可少的，怎样正确处理相邻关系，这个案例给了我们很好的启示。根据我国法律的规定，不动产的相邻各方，应当按照有利生产、方便生活、团结互助、公平合理的原则，正确处理截水、排水、通行、通风、采光等方面的相邻关系。如果造成损害要立即采取相应措施，停止侵害、排除妨害，并承担恢复原状的修缮费。当然，相邻权必须基于合法的建筑上，受损房屋一定是当事人具有房屋所有权的合法财产。

编写人员：太原铁路运输中级法院　刘　悦

2 "一事不再理"原则的法律适用

【案情简介】

2004 年，原告杨某某承包本村西北侧一废坑，自行填平建一所养殖场。2005 年春开始，原告在养殖场内养殖散养鸡 13 000 余只。2009 年 7 月一天降大雨，原告发现铁路护坡的水直接流入原告养殖场内，造成原告 11 000 余只散养鸡死亡。后因此事原告向法院提起诉讼，经调解，被告赔偿原告 10 万元。2013 年 8 月 7 日强降雨后，养殖场院内有积水，办公用房、场房受损。为此，原告再次提起诉讼要求被告赔偿强降雨后所遭受的损失。

【判决结果】

一审法院经审理认为，原告杨某某以相邻排水关系为由起诉被告某铁路股份有限公司，要求被告赔偿原告养殖场办公用房和养殖场场房因铁路护坡的雨水流入而造成的损失，应当提供证明其事实主张的证据。本案中，原告杨某某未能提供其受损失事实与被告之间存在法律上因果关系的证据，应当由其承担不利后果。且某线 4 亿吨配套站场扩能改造未造成原告养殖场排水的障碍。因原告养殖场位于铁路线路安全保护区范围内，故本案不适用相邻关系的规定进行处理。

原告杨某某不服提出上诉，二审法院认为本案从上诉人提交的证据材料来看，其与被上诉人某铁路股份有限公司修建的铁路毗邻，已经构成了事实上的相邻关系。2009 年 7 月的一场大雨造成了养殖场内厂房、办公用房墙体裂口无法使用，一审法院就这一法律事实作出了赔偿调解协议，上诉人杨某某在调解当时并未提及此诉求，散养鸡与房屋的损失由 2009 年 7 月大雨导致，而非各自独立，杨某某再次以同一事实起诉，与法律规定不符，一审法院对同一案件事实再次进行审理，实属不当。故撤销一审法院判决，驳回上诉人杨某某的起诉。

【法理分析】

（1）关于相邻关系。相邻关系是指不动产的相邻各方在行使所有权或其他物权时，因相互间应当给予方便或接受限制而发生的权利义务关系。相邻权利义务关系也可以从权利的角度称其为相邻权。如享有在他人不动产上的通行权、用水排水权、铺设管线权、采光权等。相邻关系是法律直接规定的，而非当事人约定的，不同主体的不动产地理位置上的毗邻是引起相邻关系发生的法定条件，这里的毗邻，既包括不同主体的不动产的相互"毗连"，又包括不同主体的不动产的相互"邻近"。本案中，原告和被告的房屋因地理位置发生了法律规定的相邻关系，从而使双方在行使对自己房屋的使用权时，应相互给予对方必要的方便或接受必要的限制。

（2）关于侵权纠纷的举证要求及举证责任分配侵权行为的构成要件：过错、损害结果、因果关系。原告至少要举证证明：存在损害结果，损害结果是由被告造成的。侵权纠纷举证责任：一般侵权实行"谁主张谁举证"原则，特殊侵权实行"举证责任倒置"原则。比如在医患纠纷中，由医疗机构举证证明其医疗行为没有过错。本案属于一般侵权纠纷，原告应当对其主张承担举证责任，否则必须承担举证不能的法律后果。结合本案的情况，由村委会开具的证明证实了 2009 年 7 月的一场大雨造成了养殖厂厂房、办公用房墙体裂口无法使用，且一审法院就这一法律事实作出了赔偿调解协议。对于 2013 年 8 月大雨造成的损失，原告杨某某未能提供其受损失事实与被告之间存在法律上因果关系的证据，应当由其承担不利后果。

《最高人民法院关于适用〈中华人民共和国民事诉讼法〉的解释》第二百四十七条规定："当事人就已经提起诉讼的事项在诉讼过程中或者裁判生效后再次起诉，同时符合下列条件的，构成重复起诉：（一）后诉与前诉的当事人相同；（二）后诉与前诉的诉讼标的相同；（三）后诉与前诉的诉讼请求相同，或者后诉的诉讼请求实质上否定前诉裁判结果。当事人重复起诉的，裁定不予受理；已经受理的，裁定驳回起诉，但法律、司法解释另有规定的除外。"

"一事不再理"原则是民事诉讼的基本原则。从法院角度讲，因为这个同一事实已在法院受理中或者已经被法院裁判，当然就不能再起诉，法院也不应再受理，以免出现相互矛盾的裁判，也避免当事人纠缠不清，造成诉累。本案中，因为 2009 年的大雨造成原告养殖场损失的事项，原告向法院提起诉讼后，经调解被告已经赔偿原告 10 万元，后原告又基于养殖场受损这一事实起诉，构成了重复起诉。

【典型意义】

（1）针对相邻关系纠纷中比较常见的排水、漏水问题，只有确定了排水、漏水原因才能确定责任主体，所以在发现相邻排水、漏水时，当事人应及时拍照录像保留证据，以便固定事实方便维权。

如果无人认可且无有效证据证明，则需要申请法院启动鉴定程序。

（2）关于损失范围，在原告主张赔偿时需要就房屋排水、漏水遭受损失的具体情况及排水、漏水损失之间的因果关系进行举证。确定房屋受损的范围和金额，比较有说服力的方法是向法院申请对损失进行评估或鉴定，法院一般根据评估结果和被告过错程度确定赔偿金额。如果被告对评估结果有异议，可以重新申请鉴定或者评估，法院通常会判决侵权责任人承担鉴定费用。

（3）已经实施的《民法典》在物权编对相邻关系的基本原则、法源依据、相邻用排水、通行、通风、采光、日照、相邻权的限度等作出了明确规定。邻里之间应当团结互助，一方行使自己的权利尽量避免对他人造成妨碍，正确处理个人利益与他人、集体、公共利益之间的关系。出现纠纷后，双方应及时保存证据，确定损害事实、成因及损失范围，并采取积极措施避免损失的扩大。

（4）关于重复起诉，"一事不再理"原则并非一概不应受理。应当审查是否发生新的事实，如在裁判发生法律效力后发生新的事实，法院应当受理。所谓"新的事实"，是指生效裁判发生法律效力后发生的事实，不是原生效裁判未查明或涉及的事实，也不是当事人在原审中未提出的事实。原审结束前就已经存在的事实，当事人应当主张而未主张的事实，也不属于新的事实。反之，法院应当裁定不予受理或驳回起诉。此时，案件符合再审条件的，当事人可以通过再审程序进行救济。

编写人员：太原铁路运输中级法院　白　利

3 在没有相反证据的情况下视同缴费年限的认定以人事档案记载为准

【案情简介】

戴某于 1979 年 11 月至 1986 年 3 月分别在某火车站劳动服务公司和某铁路装卸管理所劳动服务公司工作，其本人档案记载 1986 年 4 月经劳动局批准录用为全民所有制单位合同制工人。至 2011 年 1 月戴某符合国家规定退休条件，其所属单位填制职工退休（职）审批（核）表，表内明确记载视同缴费年限为 7 年 6 个月，实际缴费年限为 17 年 5 个月，合计缴费年限 24 年 11 个月。经本人签字确认后，省人力资源和社会保障厅批准戴某于 2011 年 2 月起办理退休手续，戴某单位于 2011 年 7 月通知其基本养老金按 1 698.10 元计发，自 2011 年 3 月 1 日起支付。2013 年 7 月 1 日，戴某认为其参加工作时间应为 1979 年 11 月，省人力资源和社会保障厅核定的视同缴费年限错误，向法院提起行政诉讼。

【判决结果】

某中级人民法院判决驳回原告戴某的诉讼请求。

【法理分析】

法院经审理认为，根据戴某本人档案记载其被录用为全民所有制单位合同制工人是在 1986 年 4 月，且戴某在自己所填写的履历以及职工退休（职）审批（核）表中，均对其参加工作时间为 1986 年 4 月予以确认，省人力资源和社会保障厅作出准予戴某从 2011 年 2 月起办理退休手续的具体行政行为并无不当。戴某于 1979 年 11 月至 1986 年 3 月有相关的工作经历，但并未提供能证明可以计算连续工龄的有关证据。戴某请求判令视同缴费年限从其实际参加工作时间 1979 年 11 月起算缺乏事实和法律依据，不予支持。

【典型意义】

视同缴费年限是指社保缴费制度实施之前国家承认的连续工龄或工作年限要视同为缴费年限，和实际缴费年限一并累计计算为缴费年限。涉及视同缴费年限的人群主要有实施养老保险制度以前的国有企业职工和机关事业单位工作人员等。一般来说，只要是国家认可的在社保缴费制度实施之前的连续工龄都可以视同缴费，比如城市知识青年上山下乡期间、复员退伍军人在部队服役的年限等。

视同缴费年限的认定，对于办理退休及享受养老金待遇有很大影响。视同缴费年限的待遇体现在三个方面：一是在计算养老金时，视同缴费年限的缴费系数最低按照 100% 来计算；二是视同缴费年限不但要计算为养老保险的缴费年限，同时还要计算为医疗保险的视同缴费年限；三是视同缴费年限的人员，除了领取基础养老金、个人账户养老金以外，还要领取过渡性养老金。

人事档案是确认视同缴费年限的主要依据。对个人而言，一是要重视个人履历等重要资料的填报；二是在退休时对视同缴费年限等内容的签字确认要慎重，如果认为自己档案中的视同缴费年限不准确，一定要及时提出。

编写人员：太原铁路运输中级法院　杨　玲

4 职工退休时出生时间的认定问题

【案情简介】

闫某于 1972 年 3 月参加工作，退休前系某公司职工。2015 年 9 月 10 日，其所在单位上报省人力资源和社会保障厅对闫某进行退休审批。省人力资源和社会保障厅认为闫某档案中 1972 年 3 月填写的就业人员登记表为最早有出生年月记载的材料，其出生年月为 1952 年，结合其他档案材料中记载的月份和身份证上的月份，确定闫某出生年月为 1952 年 10 月，于 2015 年 11 月 10 日作出核准闫某 2012 年 10 月起办理退休（职）手续的审批意见。2016 年 6 月 17 日，闫某不服省人力资源和社会保障厅作出的上述审批意见，向省人民政府提出行政复议。2016 年 7 月 28 日，复议机关作出《行政复议决定书》，维持省人力资源和社会保障厅作出的审批意见。闫某不服提起行政诉讼。

【判决结果】

某中级人民法院一审判决：驳回闫某的诉讼请求。闫某不服该判决，上诉至省高级人民法院。省高级人民法院二审判决：驳回上诉，维持原判。

【法理分析】

一审法院经审理认为，本案争议的焦点为省人力资源和社会保障厅在闫某退休审批时对其出生时间的认定是否合法。原劳动和社会保障部《关于制止和纠正违反国家规定办理企业职工提前退休有关问题的通知》第二条第二项"对职工出生时间的认定，实行居民身份证与职工档案相结合的办法。当本人身份证与档案记载的出生时间不一致时，以本人档案最先记载的出生时间为准"的规定是对职工退休时如何认定出生时间的特别规定，是一种计算退休时间的认定方法，具有较强的针对性，是行政机关审批退休工作的政策依据。省人力资源和社会保障厅据此认为闫某档案中最早记载的出生时间为1952年，结合其他档案材料中记载的月份和身份证上的月份，确定闫某出生年月为1952年10月，进而作出核准闫某2012年10月起办理退休（职）手续的意见并无不当。省人力资源和社会保障厅的审批行为和省人民政府的复议行为证据确凿，适用法律、法规正确，符合法定程序，闫某的诉讼请求不能成立。

二审法院经审理认为，根据《关于制止和纠正违反国家规定办理企业职工提前退休有关问题的通知》第二条第二项的规定，办理职工退休（职）手续时，对职工出生时间的认定采取居民身份证与档案相结合的方法，当二者记载不一致时以本人档案最先记载的出生时间为准。本案中，闫某的居民身份证与档案记载的出生时间不一致，省人力资源和社会保障厅依据闫某档案中最早记载的出生年份1952年，结合其他档案材料和身份证上记载的月份10月，确定闫某的出生年月为1952年10月，从而作出核准闫某2012年10月起办理退休（职）手续的意见，认定事实清楚，适用法律正确，省人民政府所作行政复议决定正确。

【典型意义】

正确确定职工退休时间，关系广大职工切身利益，关系国家人事政策的落实。

在办理退休时，很多人因为身份证和档案上记载的出生时间不一致，导致无法及时办理退休。那么，当两者不一致时，职工的出生时间到底该如何认定呢？《关于制止和纠正违反国家规定办理企业职工提前退休有关问题的通知》是原劳动和社会保障部为规范职工退休审批工作作出的指导性文件，仅适用于职工退休审批过程中的特定问题，与确定职工身份的相关法律规定不相抵触，司法机关应予尊重。该文件采取居民身份证与职工档案相结合的办法确定职工退休时间符合工作实际，在具体案件中可以作为判断相关问题的参照标准。

为什么要以档案中最先记载的出生时间为准呢？这主要是因为相对于身份证，档案一般人是摸不着的，因此，被造假和修改的可能性比较小，而且即使修改，也会有修改记录，证明力自然要高一些。事实上，很多人基于好找工作等原因，故意改小或改大年龄，但之后又想按照实际年龄退休，这个造假的后果只能自己承担。

编写人员：太原铁路运输中级法院　杨　玲

5 超出代理期限的代理还款行为是否构成申请执行时效的中断

【案情简介】

2014 年 1 月 1 日，甲公司出具《法人授权委托书》，授权王某作为该单位委托代理人，在 2014 年 1 月 1 日至 2014 年 12 月 31 日办理该公司煤炭购销业务的合同签订和具体操作。2015 年 7 月 25 日，王某代表甲公司，康某代表乙公司，双方签订《还款协议书》，就甲公司在经营过程中欠乙公司的款项达成如下协议："双方确认欠款总额为 599 426.07 元，甲方计划分五个月还清所欠款项，从 7 月起每月还款 10 万元，至 12 月底前全部还清欠款……"2016 年 7 月 11 日，执行法院作出《民事调解书》，确认甲公司欠付乙公司预付款 549 426.07 元，分别于 2016 年 7 月 30 日前支付 5 万元；于 2016 年 8 月 30 日前支付 10 万元；于 2016 年 9 月 30 日前支付 20 万元；余款 199 426.07 元于 2016 年 10 月 20 日前付清。2018 年 4 月 22 日，王某代表甲公司、康某代表乙公司、姜某代表丙公司签订《三方转账协议》，协议载明："截至 2018 年 3 月 31 日，甲公司欠乙公司煤款 349 426.07 元，乙公司欠丙公司煤款 258 559.99 元"；"乙公司欠丙公司的煤款，由甲公司代为偿还 180 000 元"；"偿还后，甲、乙、丙三方均据此协议各自进行 180 000 元转账处理"。2019 年 11 月 18 日，乙公司收到王某为付款人的转账款 2 万元，备注用途为"还煤款"。2021年8月5日，乙公司向执行法院申请执行民事调解。执行法院于2021年8月10日立案执行。2021年8月21日，甲公司提出执行异议，以2014年之后王某的还款行为系个人行为，与甲公司无关，乙公司申请执行超过申请执行时效为由请求法院驳回乙公司强制执行申请。该案经执行法院审查，裁定驳回甲公司异议请求。甲公司向复议法院提起执行复议。

【判决结果】

复议法院经复议审查认为，乙公司签订《三方转账协议》，接收王某代甲公司支付的欠款的行为足以产生申请执行时效的中断，乙公司申请执行符合法定受理条件，甲公司的诉讼请求法院不予支持。依照《民事诉讼法》第二百二十五条和第二百三十九条、《最高人民法院关于人民法院办理执行异议和复议案件若干问题的规定》第二十三条第一款第一项的规定，复议法院裁定驳回甲公司的复议申请，维持执行法院执行异议裁定。

【法理分析】

本案的争议焦点首先为乙公司的申请执行时效是否发生了中断。《民事诉讼法》第二百三十九条第一款规定："申请执行的期间为二年。申请执行时效的中止、中断，适用法律有关诉讼时效中止、中断的规定。"《最高人民法院关于适用〈中华人民共和国民事诉讼法〉执行程序若干问题的解释》第二十条规定："申请执行时效因申请执行、当事人双方达成和解协议、当事人一方提出履行要求或者同意履行义务而中断。从中断时起，申请执行时效期间重新计算。"本案中，乙公司依据执行法院民事调解书向法院申请执行，该行为是否超出法定的二年申请执行时效，应看民事调解书确认的最后还款日之后与乙公司向法院申请强制执行之前有无发生申请执行时效中止或中断的事由。这就又涉及本案另一个争议焦点，即王某代理甲公司签订还款协议、交纳欠款的行为是否可以认定为是甲公司所为，进而认定申请执行时效是否发生中断。《民事调解书》确认的最后还款日为2016年10月20日。虽然王某的代理权限于2014年12月31日即已到期，但其2018年4月22日代表甲公司与乙公司、丙公司签订《三方转账协议》，2019年11月18日又代表甲公司向乙公司转账还款2万元，以上行为与2014年甲公司《法人授权委托书》中对王某的授权、2015年《还款协议书》中确认的还款内容、《民事调解书》中确认的还款义务相互印证，系同笔欠款、同一业务代理人（欠款人）、同一收款方，具有前后连贯的因果关系和一致性。这种一致性足以使乙公司产生王某能够代理甲公司的合理确信，并将王某的行为认定为系甲公司所为。《民法典》第一百七十二条规定："行为人没有代理权、超越代理权或者代理权终止后，仍然实施代理行为，相对人有理由相信行为人有代理权的，代理行为有效。"因此，本案中王某代甲公司与乙公司签订《三方转账协议》，乙公司接收王某代甲公司支付的欠款的行为足以产生申请执行时效的中断，乙公司申请执行并未超过申请执行时效。

【典型意义】

法律规定时效制度的目的在于促使当事人及时行使生效法律文书所确认的权利，促使生效法律文书所确定的内容尽快实现，维持既定社会秩序的稳定。一般来说，申请执行人应在法律规定的二年申请执行时效内向人民法院申请执行，如果超出该期限提出申请，虽然人民法院仍应受理，但只要被执行人针对申请执行时效期间提出异议，人民法院经审查异议成立的，即应裁定不予执行。另一方面，申请执行时效可以依法发生中止、中断。中止的情况下，申请执行时效在中止事由消失后继续计算；中断的情况下，申请执行时效在中断事由消失后重新计算。本案的典型意义在于，超出代理期限的代理行为由于使申请执行人具有相信其代表被执行人的合理确信，因此该代理人的行为被认定为有效地履行义务的行为，因而发生申请执行时效的中断。这个案例提醒我们在日常合同履行过程中，一方面要注意合同相对方的代理人是否具有合法的授权，明确其授权是否超出授权范围或者超出代理期限；另一方面要在取得生效法律文书后及时行使权利，切勿超出申请执行时效。申请执行期间一般从法律文书规定履行期间的最后一日起计算；法律文书规定分期履行的，从规定的每次履行期间的最后一日起计算；法律文书未规定履行期间的，从法律文书生效之日起计算。

编写人员：太原铁路运输中级法院　赵品容

6 对于行政机关不作为的案件，法院在作出履行判决时应当指明履行期限

【案情简介】

2013 年 4 月，杨某以其所在单位未给其按时足额交纳各项社会保险费用为由，向省社会保险局提出责令用人单位补缴的申请。省社会保险局收到杨某的申请后，于同年 5 月，对用人单位进行了调查核实。同年 12 月，杨某向省社会保险局领导去函，请求针对其申请事项作出书面答复。省社会保险局一直未予书面答复。2014 年 5 月，杨某以省社会保险局未予书面答复为由，向法院提起行政诉讼，要求其履行法定职责。

【判决结果】

一审法院作出判决：驳回杨某的诉讼请求。杨某不服该判决，上诉至二审法院。二审法院作出判决：撤销原判；省社会保险局在判决生效之日起 15 日内对杨某的申请作出答复。

【法理分析】

一审法院经审理认为，省社会保险局作为社会保险经办机构，具有社会保险登记、个人权益记录、社会保险待遇支付和对当事人的举报、投诉进行处理的职责。省社会保险局在收到杨某的申请后，通过调查将处理意见当面告知杨某及用人单位，用人单位承诺

对其反映的问题进行处理解决。为此，省社会保险局已履行了相应的职责。杨某再次要求省社会保险局给其书面处理意见，已无实际意义。

二审法院认为，《中华人民共和国社会保险法》（以下简称《社会保险法》）第八十二条规定："任何组织或者个人有权对违反社会保险法律、法规的行为进行举报、投诉。社会保险行政部门、卫生行政部门、社会保险经办机构、社会保险费征收机构和财政部门、审计机关对属于本部门、本机构职责范围的举报、投诉，应当依法处理；对不属于本部门、本机构职责范围的，应当书面通知并移交有权处理的部门、机构处理。有权处理的部门、机构应当及时处理，不得推诿。"省社会保险局作为社会保险经办和社会保险费征收机构，对杨某的申请应依照上述规定进行处理。省社会保险局虽启动了行政程序，进行了调查核实，但在法定期限内未向杨某作出实质性的书面结论，违反了上述规定，构成行政不作为。杨某的上诉请求应予支持。原审判决适用法律错误，应予纠正。

【典型意义】

所有的行政诉讼案件都可以划分为行政行为违法案件和行政不作为违法案件，行政不作为诉讼是行政诉讼案件中的重要类型。基于行政管理的复杂性和法律规定不明确，在职权界线不清晰的情况下，行政机关在收到行政相对人的相关申请时应积极作出行政行为，履行行政管理责任，否则会承担行政不作为的后果。审判实践中，人民法院以行政裁判方式明确了行政机关在社会管理方面的相关职责，有助于行政责任的认定和司法审查的进行，有效保护了行政相对人或第三人利益，更好地促进了形式法治向实质法治的发展。

编写人员：太原铁路运输中级法院　杨　玲

7 权利人的排除妨害请求权

【案情简介】

武某与其丈夫于 1999 年共同承包了本村耕地 5.14 亩。2012 年该村村委会与某电力煤化公司签订《租地协议》，将该土地出租于该电力煤化公司使用，租赁期限 30 年。后该电力煤化公司允许某铁路股份有限公司无偿使用此租赁土地，故某铁路股份有限公司将其所有的变压器、电杆、电缆安装于本案诉争的土地。武某将该村村委会、电力煤化公司、铁路股份有限公司诉至法院，请求确认该村委会与某电力煤化公司承包地使用权转让的协议无效，并且排除妨害。

【判决结果】

法院经审理认为，原告武某在取得诉争土地的承包经营权后，被告村委会未与原告解除承包合同，且在承包期内将该诉争土地租给某电力煤化公司，属于无权处分人越权订立的合同，事后也没有得到承包经营权人的追认。另被告某电力煤化公司租用该土地后非用于耕种，改变了土地用途，显属合同无效情形。原告作为土地承包经营权人，权利受到侵犯，是与本案有直接利害关系的公民，有权起诉确认二被告之间的承包地使用权转让协议无效。因二被告之间的《租地协议》无效，故某铁路有限责任公司无权将其所有的变压器及高压电缆、电杆安装于原告的承包地，应即刻排除妨害并恢复耕种条件。

【法理分析】

1. 无权处分人订立的合同

根据《民法典》第一百四十三条，具备下列条件的民事法律行为有效：（一）行为人具有相应的民事行为能力；（二）意思表示真实；（三）不违反法律、行政法规的强制性规定，不违背公序良俗。因此，是否有权处分并不是合同生效的要件之一。《最高人民法院关于审理买卖合同纠纷案件适用法律问题的解释》第三条规定："当事人一方以出卖人在缔约时对标的物没有所有权或者处分权为由主张合同无效的，人民法院不予支持。出卖人因未取得所有权或者处分权致使标的物所有权不能转移，买受人要求出卖人承担违约责任或者要求解除合同并主张损害赔偿的，人民法院应予支持。"本案中二被告之间的《租地协议》无效并不是因为该村村委会是无权处分人，而是因为合同违反了《中华人民共和国土地管理法》（以下简称《土地管理法》）第六十三条"农民集体所有的土地的使用权不得出让、转让或出租用于非农业建设"的规定，所以无效。

2. 妨害排除的请求权的构成要件

《民法典》第二百三十六条规定："妨害物权或者可能妨害物权的，权利人可以请求排除妨害或者消除危险。"妨害，是指非法、不正当地妨碍了权利人对物权的行使。妨害包括尚未发生但却必然发生的妨害、正在发生的妨害和已经发生的妨害。对于正在发生的妨害和已经发生的妨害，权利人可以请求排除妨害。

妨害排除请求权的构成要件如下。

第一，妨害排除请求权的权利主体是所有权人或者依法律规定行使所有权权能的人以及他物权人。

第二，妨害排除请求权的行使具有可能性。被妨害的物仍然存在，倘若特定物已经损毁或者灭失，则妨害排除请求权就失去意义和可能性，权利人只能提起损害赔偿等其他请求权。同时，妨害具有被排除的可能性，如果妨害在客观上无法被排除，则妨害排除请求权无适用的余地。

第三，存在妨害物权或者可能妨害物权的事实。传统民法理论上所指的排除妨害请求权，须有他人以占有以外的方式妨害权利人的物权。如果已占有侵害物权，权利人应主张原物返还请求权。排除妨害请求权所指向的这些行为包括：对标的物的侵害、非法利用他人财物致使权利人不能对物行使权利、非法为他人之物设定负担、其他妨害行为。同时，须前述妨害行为正在持续进行。如果妨害行为已经结束，则排除妨害请求权失去了适用余地。如果已经结束的妨害行为确实给权利人造成了损害，则权利人可以提起损害赔偿请求权。

第四，妨害物权的行为导致了权利人不能正常行使其权利。此为妨害排除请求权的后果要件。换言之，必须以妨害具有违法性为前提。按照通说，以权利人无容忍义务为判断标准。倘若妨害程度轻微，按照日常生活经验判断，对该等妨害权利人应予容忍，则权利人不得主张排除妨害。

同时，该请求权的行使不以相对人具有过错为要件，排除妨害请求权旨在除去物权人行权的障碍或侵害，恢复物权的完满状态，只要相对人阻碍物权人的权利，权利人均可要求行为人排除妨害，这一点不同于侵权责任。

具体到本案，武某为诉争土地的土地经营所有权人，面对当前正在发生的某铁路股份有限公司占有使用该块土地，致使武某无法继续耕种，武某有权请求该公司排除妨害，将诉争土地内的变压器及高压电缆、电杆拆除移走，将该片土地恢复耕种条件。本案所依据的《物权法》第三十五条变更为《民法典》第二百三十六条。

【典型意义】

在日常生活中，什么样的合同有效呢？根据《民法典》的规定，合同有效需要三个要件：（1）行为人具有相应的民事行为能力，即合同双方能够正确理解自己行为的性质和后果、独立表达自己意思的能力。如果是单位的话，必须具备法人条件。（2）意思表示真实，即合同双方是自由的、自愿的，不是被胁迫的，没有受欺诈。（3）不违反法律、行政法规的强制性规定，不违背公序良俗。本案中，《租地协议》因为违反了《土地管理法》，属于无效合同，所以，基于赌博、买卖毒品等违法行为的合同都是无效的，法院是不予支持的。

物权受到侵害或者损害怎么办？排除妨害请求权旨在除去物权人行权的障碍或侵害，恢复物权的完满状态，是保护物权人的一种方式。在日常工作生活中，不论是汽车等动产，还是房屋、土地等不动产，物权人一旦发现自身的物权受到损害，存在行权障碍，就可以依法行使自己的合法权利，维护自身的合法利益，排除妨害。

编写人员：大同铁路运输法院　王芷珺

8 行为人在他人承包地上排放积水可认定为侵权行为

【案情简介】

鲍某、贺某母子所承包的土地位于某供电段所辖的变电所东墙外。供电段在东墙设置了9个排水口，用以排放院内的积水，且所排放的积水排放在与其相邻的鲍某、贺某母子所承包的土地里。2016年7月5日，供电段因城内村村支部书记向其提出赔偿要求后，对排水问题进行了整治，但对是否能够较好地解决排水问题及是否合格，没有进行评测和验收。故鲍某、贺某母子向一审法院起诉请求：（1）判令供电段停止侵害，排除妨害，赔偿三年来鲍某、贺某母子因此遭受的损失5万元；（2）本案的诉讼费由供电段承担。

【判决结果】

法院经审理认为，供电段所辖的变电所东墙与鲍某、贺某母子所承包的土地相邻，其在东墙安装了9个排水口用以排放院内积水，且将积水排放流入鲍某、贺某母子的承包地，供电段的行为已对鲍某、贺某母子构成侵权，故应依法停止侵害。供电段虽然于2016年7月5日对其所有的东墙的9个排水口进行了整治，但其对排放水的整治是否合规，能否较彻底地解决侵害，既没有相关权威部门的验收认定，也没有提供合理的解决方案，故供电段应对东墙9个排水口作出彻底的、科学的、合理的处置。供电段的侵害行为虽然给鲍某、贺某母子造成了损失，且鲍某、贺某母子也提供了证据以证实其损失，但其所提供的证据不能有力地证实其受侵害土地的确切亩数和具体数额，故对鲍某、贺某母子诉请赔偿5万元的主张，法院不予支持。法院判决供电段于判决发生法律效力之日起十日内，对其所辖的变电所东墙的9个排水口进行彻底的、科学的处置，停止对鲍某、贺某母子所承包土地的侵害；鲍某、贺某母子请求供电段赔偿三年来因此遭受的损失，没有事实和法律依据，依法应予驳回。

【法理分析】

1. 侵权责任认定中"行为的违法性""损害事实的存在""因果关系""行为人主观上有过错"四个构成要件的界定

根据《侵权责任法》第六条，《民法典》第一千一百六十五条、第一千一百六十六条的规定，按照过错责任原则，侵权责任的成立必须具备违法行为、损害事实、因果关系和主观过错四个要件，这四个要件缺一不可。

所谓行为的违法性，是指行为人实施的行为在客观上违反了法律的禁止性规定或强制性规定，主要表现为违反法律规定的义务、违反保护他人的法律和故意实施违背善良风俗而造成他人损害的行为。侵权行为的客观表现方式有作为和不作为两种行为方式。作为的违法行为是侵权行为的主要方式，即以积极行为侵害他人民事权益的行为。供电段的行为侵害了鲍某、贺某母子所承包土地的合法权益，是一种作为的违法行为。

损害作为一种事实状态，是指因一定的行为或事件使某人受法律保护的权利和利益遭受某种负面影响，既包括对公共财产的损害，也包括对私人财产的损害，同时还包括对非财产性权利的损害。本案中的损害结果显而易见，即为鲍某、贺某母子所承包土地受侵害的土地面积和损失的土地年收入。

因果关系是指违法行为与损害结果之间的客观联系，即特定的损害事实是否是行为人的行为必然引起的结果。确定行为和结果之间有无因果关系，要依行为时的一般社会经验和知识水平作为判断标准，认为该行为有引起该损害结果的可能性，而在实际上该行为又确实引起了该损害结果，则该行为与该损害结果之间有因果关系。供电段安装排水口并向鲍某、贺某母子所承包土地中排放积水的行为，有引起相邻土地损害结果的可能性，实际上该行为也确实给鲍某、贺某母子造成了损失，因此因果关系成立。

过错是侵权责任构成要件中的主观因素，反映行为人实施侵权行为时对于损害后果的心理状态，包括故意和过失。故意是指侵权人预见自己行为的损害结果，仍然希望这一损害后果发生或者放任这一后果发生的主观心理状态。过失包括疏忽和懈怠，是指侵权人对自己行为的损害结果，应当预见或者能够预见由于疏忽大意而没有预见的疏忽和虽然预见到但却由于过于自信而认为可以避免，最终没有避免损害结果的发生的懈怠。供电段的过错体现在其侵权行为之上，也从其侵权行为中得到验证。

2. 排除妨害不彻底的情形不能成为承担侵权责任的阻碍事由

《民法典》第二百九十条第一款规定："不动产权利人应当为相邻权利人用水、排水提供必要的便利。"该条文是关于用水、排水相邻关系的规定。"必要的便利"中所谓的"必要"，是指不向相邻权利人提供这种便利，就会影响相邻权利人正常的生产或者生活。《关于贯彻执行〈中华人民共和国民法通则〉若干问题的意见（试行）》

第 99 条规定："相邻一方必须使用另一方的土地排水的,应当予以准许;但应在必要限度内使用并采取适当的保护措施排水,如仍造成损失的,由受益人合理赔偿。相邻一方可以采取其他合理的措施排水而未采取,向他方土地排水毁损或者可能毁损他方财产,他方要求致害人停止侵害、消除危险、恢复原状、赔偿损失的,应当予以支持。"《中华人民共和国水法》第二十八条规定:"任何单位和个人引水、截(蓄)水、排水,不得损害公共利益和他人的合法权益。"

具体到本案,供电段一共有 16 个排水口,与鲍某、贺某母子所承包土地相邻的东墙院上的 9 个排水口,并非供电段唯一且必需的排水口。供电段在可以单独使用其他排水口排放院内积水的情况下,可以采取其他合理的措施排水而未采取,向相邻一方鲍某、贺某母子所承包土地排放己方积水,对其土地造成侵害。供电段排水的行为显然已超过了"必要的便利",没有在必要的限度内使用相邻方土地。

供电段辩称已于 7 月 5 日在供电段所辖的变电所东墙、南墙墙体安装管道与 9 个排水口相连,对排水问题进行了整治。供电段这种迟到的保护措施并没有相关权威机构的验收认定,不能确定其对排水口的整治是否合规,能否较彻底地解决侵害。供电段也没有提供合理的解决方案。实际上,供电段的整治措施确实仍给鲍某、贺某母子所承包的土地造成侵害,供电段的整治措施是不彻底、不科学、不合理的处置。根据《侵权责任法》第十五条(原法律条款)、《民法典》第一百七十九条规定的责任承担方式,供电段应停止对鲍某、贺某母子所承包土地的侵害,其辩称的排除妨害不彻底的情形,不能成为承担侵权责任的阻碍事由。

【典型意义】

农村地区相邻排水纠纷引起的侵权行为如何承担举证责任？根据《民事诉讼法》第六十七条第一款的规定，当事人对自己提出的主张、诉讼请求所依据的事实或者反驳对方诉讼请求所依据的事实，应当提供证据加以证明。作出判决前，当事人未能提供证据或者证据不足以证明其事实主张的，由负有举证证明责任的当事人承担不利的后果。在司法实践中，诸如本案中，供电段对鲍某、贺某母子所承包土地的侵权行为，鲍某、贺某母子作为原告已提供了相关的证据予以证明，因此法院支持供电段承担侵权责任，停止侵害，排除妨碍。而对于赔偿损失的诉求，鲍某、贺某母子作为原告，所提供的证据不能有力地证实其受侵害土地的确切亩数和具体数额，不足以支持自己的主张，所以负有举证责任的鲍某、贺某母子需要承担因此造成的不利后果，即赔偿损失的诉求得不到法院的支持。

编写人员：大同铁路运输法院　郭云芳

9 排除妨害纠纷中的举证责任分配

【案情简介】

某村村民委员会(甲方)与左某(乙方)签订了《荒山租赁合同》。该合同载明：经某村委会研究，村民代表会讨论同意，将某岭隧道西边荒山租赁。协议约定从2009年5月1日起租期为70年，租金一次性付清1.5万元，甲方应保障通往荒山的原道路畅通，修路费用归乙方承担。2020年8月21日左某将某铁路公司工务段诉至某区人民法院，要求该工务段支付从2009年5月1日起每年2万元的维修费，否则该工务段不得在山路上通行。某铁路公司工务段向法庭提交了某岭隧道竣工图，该图显示：开工日期为1984年9月12日，竣工日期为1986年12月30日；隧道出口端某范围的路基为弃渣铺设。工务段表示左某所诉称的山路的产权一部分为铁路公司，一部分为某村集体。

【判决结果】

法院经审理认为，根据法律规定，在作出判决前，当事人未能提供证据或者证据不足以证明其事实主张的，由负有举证证明责任的当事人承担不利的后果。排除妨害纠纷是指因为物受到他人的妨碍而引发以排除这种妨碍为目的的纠纷。本案中，首先，根据左某提供的证据不能证明某铁路公司工务段工作人员自涉案山路通行至其工区对左某经营荒山造成妨碍或者对左某维修涉案山路造成妨碍。其次，左某自述其与某村委会签订的《荒山租赁合同》已经转租案外人，且涉案山路亦由所承租的案外人负责维修。再次，左某并非涉案山路的产权人。故左某要求某铁路公司工务段给付道路维修费用，若不给付维修费用亦不得自涉案山路通行的诉讼请求，无事实和法律依据，依法应予驳回。

【法理分析】

1. 关于排除妨害请求权的规定

《民法典》第二百三十六条规定："妨害物权或者可能妨害物权的，权利人可以请求排除妨害或者消除危险。"该法条规定的"妨害"，是指非法、不正当地妨碍了权利人对物权的行使。妨害包括尚未发生但却必然发生的妨害、正在发生的妨碍和已经发生的妨害。对于尚未发生但却必然发生的妨害，权利人可以请求消除危险；对于正在发生的妨害和已经发生的妨害，权利人可以请求消除危险。排除妨害还包括停止侵害，停止侵害仅是排除妨害的具体方式之一。无论是现实的妨害还是可能的妨害，物权人均有权利予以排除。

认定排除妨害纠纷首先要求排除妨害请求权的权利主体是所有权人或者依法律规定行使所有权权能的人以及他物权人。所有权人包括共有人、财产管理人及所有人的代理人。其次，排除妨害请求权的行使具有可能性。被妨害的物仍然存在，倘若特定物已经毁损或者灭失，则排除妨害请求权就失去了意义和可能性，权利人只能提起损害赔偿等其他请求权。同时，妨害具有被排除的可能性，如果妨害在客观上无法被排除，则排除妨害请求权没有适用的余地。再次，存在妨害物权或者可能妨害物权的事实。传统民法理论上所指的排除妨害请求权，须有他人以占有以外的方式妨害权利人的物权。如果以占有侵害物权，权利人应主张原物返还请求权。排除妨害请求权所指向的这些行为包括：对标的物的侵害；非法利用他人财产致使权利人不能对物权行使权利；非法为他人之物设定负担；其他妨害行为。同时，须前述妨害行为正在持续进行。如果妨害行为已经结束，则排除妨害请求权失去了适用的余地。如果已经结束的妨害行为确实给权利人造成了损害，则权利人可以提起损害赔偿请求权。最后，妨害物权或者可能妨害物权的行为导致了权利人不能正常行使其权利，此为排除妨害请求权行使的后果要件。换言之，必须以妨害具有违法性为前提。一般是按照权利人没有容忍义务作为判断标准。如果妨害程度轻微，按照日常生活经验来判断的话，对于该等妨害权利人应当予以容忍，则权利人不得主张排除妨害。

2. 排除妨害请求权人应承担举证责任

《最高人民法院关于适用〈中华人民共和国民事诉讼法〉的解释》第九十条规定："当事人对自己提出的诉讼请求所依据的事实或者反驳对方诉讼请求所依据的事实，应当提供证据加以证明，但法律另有规定的除外。在作出判决前，当事人未能提供证据或者证据不足以证明其事实主张的，由负有举证证明责任的当事人承担不利的后果。"当事人对有利于自己的主张，都应当提出证据，加以证明。当事人对自己提出的诉讼请求所依据的事实或者反驳对方诉讼请求所依据的事实有责任加以证明。没有证据或者证据不足以证明当事人的事实主张的，由负有举证责任的当事人承担不利后果。

具体到本案，左某主张诉求的事实依据就是某铁路公司工务段的行为已经对其造成了妨害，因此左某对其事实主张负有举证责任。但左某提供的证据并不能有力证明铁路公司工务段对其造成妨害，既没有妨害其经营荒山，也不存在妨害其维修涉案山路的事实。左某一方面已将荒山租赁合同转租案外人，约定由案外人承担路面维修费用；另一方面，左某也非涉案山路的产权人，左某不能成为排除妨害请求权的权利主体。退一步讲，即使左某可以行使所有权权能，但其也不能提供有力证据证明存在妨害物权或者可能妨害物权的事实，即有他人以占有以外的方式妨害权利人的物权，不能证明某铁路公司工务段非法利用他人财产致使权利人不能对物权行使权利。因此，左某的诉讼请求得不到法院的支持。

【典型意义】

排除妨害请求权旨在除去物权人行使的障碍或侵害，恢复物权的完美状态，只要相对人阻碍或危及物权人的权利，权利人均可以要求行为人排除妨害。无论是物权纠纷、合同纠纷还是侵权责任纠纷，在举证责任分配上，除非法律另有规定，都应当遵循举证责任分配的一般规则，权利人应对危险发生的可能性承担一定的举证责任。

编写人员：大同铁路运输法院　郭云芳

10 举证责任人承担举证不能的不利后果

【案情简介】

姜某系某单位退休职工，于2016年3月14日因病去世。张某称姜某自2006年至2010年一直与张某母亲以夫妻名义共同生活，未办理结婚登记。由于姜某本人无儿无女，在2010年张某母亲去世后，姜某一直跟随张某一家生活。在姜某生病期间，张某为其看病，照顾其饮食起居，并为其养老送终。自姜某去世后，张某为其办理丧事支出丧葬费30 000余元。张某多次向某单位主张发放丧葬费并退还医保卡余额，但某单位至今未付。某单位称姜某的侄子武某与张某先后将村委会的证明交至单位，无法判定费用支付给谁，故请法院查明。

【判决结果】

法院经审理认为，张某提供的姜某的四份处方中两份西药处方开具时间为死亡日期之后；张某提供的一组证人证言均未出庭，书面证词的真实性无法核实；张某提供的村委会证明与某单位提供的村委会证明相互矛盾。综上，张某主张其因办理姜某的丧葬事支出费用，但其未提供充分证据证明，故对张某要求某公司支付其因办理姜某的丧葬事所支出的费用15 280元不予支持。张某主张其与姜某之间存在事实上的遗赠扶养关系，亦无证据证明，故对张某要求某单位立即协助办理退还姜某医保卡中剩余金额9 485.46元的相关手续的诉讼请求不予支持。综上，依照《民事诉讼法》第六十四条第一款、第七十二条、第七十三条，《最高人民法院关于适用〈中华人民共和国民事诉讼法〉的解释》第九十条、第九十一条、第一百一十五条的规定，依法驳回张某的诉讼请求。

【法理分析】

《民事诉讼法》第六十四条第一款规定："当事人对自己提出的主张，有责任提供证据。"人民法院应当按照法定程序，全面、客观地审查核实证据。

《最高人民法院关于适用〈中华人民共和国民事诉讼法〉的解释》第九十条规定："当事人对自己提出的诉讼请求所依据的事实或者反驳对方诉讼请求所依据的事实，应当提供证据加以证明，但法律另有规定的除外。在作出判决前，当事人未能提供证据或者证据不足以证明其事实主张的，由负有举证证明责任的当事人承担不利的后果。"第九十一条规定："人民法院应当依照下列原则确定举证证明责任的承担，但法律另有规定的除外：（一）主张法律关系存在的当事人，应当对产生该法律关系的基本事实承担举证证明责任；（二）主张法律关系变更、消灭或者权利受到妨害的当事人，应当对该法律关系变更、消灭或者权利受到妨害的基本事实承担举证证明责任。"第一百零四条规定："人民法院应当组织当事人围绕证据的真实性、合法性以及与待证事实的关联性进行质证，并针对证据有无证明力和证明力大小进行说明和辩论。能够反映案件真实情况、与待证事实相关联、来源和形式符合法律规定的证据，应当作为认定案件事实的根据。"第一百零五条规定："人民法院应当按照法定程序，全面、客观地审核证据，依照法律规定，运用逻辑推理和日常生活经验法则，对证据有无证明力和证明力大小进行判断，并公开判断的理由和结果。"

《最高人民法院关于民事诉讼证据的若干规定》第八十五条规定："人民法院应当以证据能够证明的案件事实为根据依法做出裁判。审判人员应当依照法定程序，全面、客观地审核证据，依据法律的规定，遵循法官职业道德，运用逻辑推理和日常生活经验，对证据有无证明力和证明力大小独立进行判断，并公开判断的理由和结果。"第八十七条规定："审判人员对单一证据可以从下列方面进行审核认定：（一）证据是否为原件、原物，复制件、复制品与原件、原物是否相符；（二）证据与本案事实是否相关；（三）证据的形式、来源是否符合法律规定；（四）证据的内容是否真实；（五）证人或者提供证据的人与当事人有无利害关系。"第八十八条规定："审判人员对案件的全部证据，应当从各证据与案件事实的关联程度、各证据之间的联系等方面进行综合审查判断。"

根据以上规定，证据有无证明力和证明力大小主要是通过当事人对证据的真实性、合法性及与待证事实的关联性进行质证、说明及辩论，由审判人员全面、客观地进行审核并作出判断。承担举证责任的一方当事人未能提供证据或者证据不足以证明其事实主张的，由其承担不利后果。

本案中，张某提出诉讼请求并主张其因办理姜某丧葬事支出费用，且主张其与姜某存在事实上的遗赠扶养关系，属于主张法律关系存在的当事人，应对产生该法律关系的基本事实承担举证证明责任，但其提出的证据或明显违背客观事实，或与其他证据相矛盾，不足以证明其事实主张，应由其承担举证不能的不利后果。

【典型意义】

本案主要体现了举证责任的责任分配及举证不能时不利后果的承担问题。

在具体司法实践中，法官不可能回到案件发生现场去查明事实真相，只能根据当事人提供的证据和双方陈述去分析推断当时的情况，并尽量还原当时情形。但当事人为了自身利益，往往只提供有利于自己的证据并可能做虚假陈述。因此，法官只能通过对双方当事人提供的证据进行综合判断，以尽量达到相对真实地查明案件事实的目的。

法官围绕证据的真实性、合法性以及与待证事实的关联性对证据有无证明力及证明力大小进行判断，能够反映案件真实情况、与待证事实相关联、来源和形式符合法律规定的证据，即会作为认定案件事实的根据。但若证据无法满足真实性、合法性、关联性，便会有一方当事人承担不利的后果，这时就出现了举证责任的责任分配问题。

《最高人民法院关于适用〈中华人民共和国民事诉讼法〉的解释》第九十一条规定："人民法院应当依照下列原则确定举证证明责任的承担，但法律另有规定的除外；（一）主张法律关系存在的当事人，应当对产生该法律关系的基本事实承担举证证明责任；（二）主张法律关系变更、消灭或者权利受到妨害的当事人，应当对该法律关系变更、消灭或者权利受到妨害的基本事实承担举证证明责任。"可以理解为，一般情况下，凡主张权利存在的当事人应当对权利发生的要件事实举证，反驳权利存在的当事人应当对权利受制、权利消灭的要件事实举证。之所以这样划分，原则上是因为法官适用法律时，首先需要确认适用该法律的法律要件事实存在，然后才能适用。主张的当事人如果不能证明该法律要件事实的存在，法官就不能依据该当事人的请求适用该法律，确认该法律效果的存在。

本案中，张某作为主张法律关系存在的当事人，对产生该法律关系的基本事实承担举证证明责任，但其提出的证据无法满足认定证据所需达到的真实性、合法性、关联性，因此由其承担举证不能的后果。

编写人员：临汾铁路运输法院　吕霄翔

11 供水管路产权所有者如何认定

【案情简介】

游某是位于某县迎春南路 179-1 号院落及其房屋的所有人。2013 年 12 月中旬，游某发现该院落中的正房、西房、东房及院墙墙体大面积出现严重裂缝，以及地基下沉、地面裂缝并有空洞、墙体抹灰层脱落等现象。经查找、鉴定，游某房屋损坏与相邻给水管道破裂喷水存在因果关系。游某认为管道破裂是赵某施工所致，某供电段作为供水单位应当赔偿自己损失。该供电段主张漏水管道为用户自己铺设，不属于供电段的产权，供电段仅是为了方便职工，提供水源，收取一定费用，并非以营利为目的，且供电段在 2012 年以停水通知的形式通知了游某及其他住户要求自行更换该段供水管路，游某未对管路进行更换修缮。双方对此发生争议，诉至法院。

【判决结果】

一审法院认为，侵害他人民事权利的，应当承担侵权责任。当事人对自己提出的主张应提供证据予以证明，游某主张赵某存在侵权事实，但并未提供有效证据证明其房屋损坏与赵某放置施工机械行为存在因果关系，故原审法院对游某提出要求赵某赔偿其损失的主张不予支持。游某提出要求供电段赔偿其损失的主张，依庭审查明，该供电段作为供水单位向游某供水，并收取水费，但双方未就管理权界限进行过约定。依据《山西省城市供水和节约用水管理条例》第三十二条第一款及《铁路给水管理规程》第 13 条第 1 款第 1 项中规定的划界原则，房屋外部的供水公共管道、水栓由水电段负责管理、维修。本案破裂的供水管道位于取水口与结算水表之间，故供电段应负责对游某房屋外部的供水公共管道进行管理、维修。经鉴定，游某房屋损坏与本案所涉破裂的供水管道喷水存在因果关系，故游某主张该供电段作为供水设施的管理、维护者对游某遭受的合理损失承担赔偿责任合理，原审法院予以支持。依据《侵权责任法》第三条、第六条、第十五条第一款第六项的规定，判决：一、被告供电段于本判决生效之日起十五日内赔付原告游某 47 777 元。二、驳回原告其他诉讼请求。案件受理费 1 017 元，由原告游某负担 18.8 元，由被告供电段负担 998.2 元。

被告供电段不服一审判决提起上诉。二审法院经审理认为，根据《山西省城市供水和节约用水管理条例》第三十二条第二款的规定，从结算水表至用水单位和个人的供水设施，由产权所有者负责管理和维护。根据双方庭审陈述，漏水管道所在位置为上诉人至游某房屋之间，双方均认可该漏水水管系游某等住户自行购买，而且游某并未提供证据证明该管道已经按照有关规定办理产权移交手续及该管道由上诉人供电段管理维护，因此该供电段并非该漏水管道的产权所有人，且上诉人曾通知游某更换管路，而游某认为该管路仍能使用并未更换，其应自行承担该管道漏水的责任。

综上，二审法院判决撤销一审民事判决；驳回被上诉人游某的诉讼请求。一审案件受理费 1 017 元，二审案件受理费 1 017 元，由被上诉人游某负担。

【法理分析】

关于供水管路产权所有者的认定问题，《山西省城市供水和节约用水管理条例》第三十二条规定："城市公共供水单位负责从取水口至结算水表的公共供水设施的管理和维护，包括用水单位和个人自行建设与公共供水管道连接的并按照有关规定办理产权移交手续的管道及其附属设施的管理和维护。从结算水表至用水单位和个人的供水设施，由产权所有者负责管理和维护。"本案中，漏水管道所在位置为上诉人至被上诉人游某房屋之间，双方均认可该漏水水管系被上诉人游某等住户自行购买，而且被上诉人游某并未提供证据证明该管道已经按照有关规定办理产权移交手续以及该管道由上诉人管理维护，因此不能认定供电段为该漏水管道的产权所有人。

【典型意义】

管道漏水应该由谁负责，这是我们在日常生活中经常会遇到的问题。处理这样的问题，最主要的是找准漏水管路的产权人，本文的案例给了很好的启示：在供水管路等市政管路侵权类案件中，判断侵权责任的承担主体首先需要依法准确界定管路产权分界点，并以此判断相关管路的产权人。如果是取水口至结算水表的公共供水设施，或者是用水单位和个人自行建设与公共供水管道连接的并按照有关规定办理产权移交手续的管道及其附属设施，属于公共供水单位，由其进行管理和维护；如果是结算水表至用水单位和个人的供水设施，则属于个人也就是产权所有者，由其进行管理和维护。在确定产权人之后，由产权人承担责任，造成第三方损害的，由产权人进行赔偿。

编写人员：中吕律师事务所　李　劲

12 第三人代为履行债务，应以当事人合同约定以及第三人同意为前提

【案情简介】

2012 年 3 月 26 日，某公司向某车站账户汇入人民币 79 万元的铁路运费，但之后未在某车站处经营发运煤炭，也没有经营过其他业务。某车站认为该款项系某公司为某煤炭运销公司代付的铁路运费，并拒绝返还。某公司诉至法院，要求某车站返还原告人民币 79 万元。

【判决结果】

一审法院经审理认为，原告某公司于 2012 年 3 月 26 日汇入被告某车站银行账户的铁路运费人民币 79 万元，至今未在被告某车站经营发运煤炭，亦未经营其他业务，被告辩称此款系原告代替某煤炭运销公司补交的铁路运费，因被告提供的证据无法证明原告某公司欠其铁路运费，故对此辩解不予采信。因此，对原告的诉讼请求一审法院予以支持。某车站不服原审判决，提起上诉。二审法院审理后认为上诉人所主张的事实证据不足，依法不予支持，判决维持原判。

【法理分析】

1. 是否属于不当得利应以给付人的给付行为是否具有法律上的

原因作为标准

对于不当得利制度,《中华人民共和国民法通则》(以下简称《民法通则》)第九十二条规定:"没有合法根据,取得不当利益,造成他人损失的,应当将取得的不当利益返还受损失的人。"《关于贯彻执行〈中华人民共和国民法通则〉若干问题的意见(试行)》第131条规定:"返还的不当利益,应当包括原物和原物所生的孳息。利用不当得利所取得的其他利益,扣除劳务管理费用后,应当予以收缴。"《民法典》第九百八十五条规定:"得利人没有法律根据取得不当利益的,受损失的人可以请求得利人返还取得的利益,但是有下列情形之一的除外:(一)为履行道德义务进行的给付;(二)债务到期之前的清偿;(三)明知无给付义务而进行的债务清偿。"依照上述规定,不当得利是指没有合法根据取得利益而使他人受损失的情形。即判断是否构成不当得利,应以给付人的给付行为是否具有法律上的原因作为标准。在本案中,某公司在向某车站支付铁路运费后并未发运煤炭,而且某车站亦未能证明该费用系某公司代某煤炭运销公司补交费用。因此,某车站取得款项构成不当得利,应予返还。

2. 第三人代为履行债务应以债务人和债权人在合同中明确约定为前提

第三人代为履行,是指由第三人以自己名义代替债务人向债权人履行给付义务的法律行为。《民法典》第五百二十三条规定:"当事人约定由第三人向债权人履行债务,第三人不履行债务或者履行债务不符合约定的,债务人应当向债权人承担违约责任。"根据上述规定,合同双方当事人约定由第三人代为履行该债务的,该约定仅限于合同双方当事人之间的约定,不包括债权人与第三人或是债务人与第三人之间的约定。第三人可以同意履行也可以拒绝履行。

第三人同意履行的，仅表明其愿意代替债务人履行债务，并不表示第三人与债务人共同成为合同的一方当事人，债权人不能基于合同的内容向第三人主张权利。且债权人不得拒绝第三人对其进行的履行。当第三人拒绝履行时或者履行存在瑕疵时，由于其并非合同的当事人，而根据合同相对性原理，只能由合同相对方债务人继续履行或承担相应的违约责任。因此，在本案中，某车站主张某公司代某煤炭运销公司偿还债务，但未能证明某公司代为支付款项是由某车站和某煤炭运销公司合同的明确约定，因此不能认定某公司支付款项系代某煤炭运销公司履行债务。

【典型意义】

对于不当得利的认定，需要结合案件情况查明获利方获得利益是否有法律依据或合同依据，以此作为认定是否存在不当得利情形的依据。同时，对于第三人代为履行债务问题，需要查明债权和债务人之间是否就第三人代为履行债务有明确的合同约定，以及第三人是否同意代为履行债务，在此基础上依法予以认定。本案中人民法院在查明是否存在不当得利、是否存在第三人代为履行债务的事实后，依法判令返还不当得利款项，对此类案件的办理具有借鉴意义。

编写人员：中吕律师事务所　吴　强

侵权责任

一 铁路运输人身损害赔偿责任纠纷案件

1 废弃铁路致人摔伤，铁路部门应担责

【案情简介】

苗某，女，太原市某中心职工。2015 年 7 月 9 日下午 3 时，苗某骑电动车行驶至太原市建设路与北大街交叉口北 50 米的路面铁轨时，因车轮绊入铁轨，致使电动车摔倒，造成右脚三踝粉碎性骨折。送医救治后，经司法鉴定构成九级伤残。摔伤的路面铁轨产权单位与管理单位均系某铁路公司。苗某向法院提起诉讼，要求某铁路公司赔偿医疗费、误工费、残疾赔偿金等共计 19 万余元。

【判决结果】

法院经审理认为，苗某在铁路道口摔伤致残，其作为一名成年人，应当对自身行为具有支配能力，其未尽到谨慎注意的义务，对自行骑车摔倒应当承担主要责任。作为铁路道口、线路产权单位及管理单位的某铁路公司，前期此处铁路道口系有人看守道口，后期因线路改造升级，有人看守道口变为无人看守道口，后此处线路废弃不用。某铁路公司未对荒废的铁路线路进行处理，放任废弃的铁路线路管理，其应当承担对废弃铁路线路的安全保障义务的次要责任。故苗某自身摔倒承担 70% 的责任；某铁路公司明显存在管理过

失，承担 30% 的责任。

【法理分析】

本案系在城市道路骑车致车轮绊入路面铁轨摔伤致残的人身损害赔偿案件。根据《最高人民法院关于审理铁路运输人身损害赔偿纠纷案件适用法律若干问题的解释》第七条的规定，受害人横向穿越未封闭的铁路线路时存在过错，造成人身损害的，铁路运输企业应承担责任。但应当根据受害人的过错程度适当减轻铁路运输企业的赔偿责任。该条款的基本内涵是，除了损害是因不可抗力或者受害人故意以卧轨、碰撞等方式造成的情形，铁路运输企业不承担赔偿责任之外，即使铁路运输企业已充分履行了安全防护、警示等义务，也只有在受害人不听从值守人员劝阻或者无视禁行警示信号、标志硬行通过铁路平交道口、人行过道，或者沿铁路线路纵向行走，或者在铁路线路上坐卧而造成人身损害等有限情形，才能免除铁路运输企业的赔偿责任，否则铁路运输企业应承担赔偿责任。如果受害人存在过错的，只能根据过错程度减轻铁路运输企业的赔偿责任。本案中，被废弃的铁路线路虽然不再运营，但仍属于未封闭的铁路线路。尽管该段线路对城市道路正常通行影响不大，但产权单位对此线路仍具有日常维护和管理的义务。某铁路公司作为产权单位对此段线路既未设置警示标志，又无其他相应措施，未充分履行安全防护、警示等义务，造成他人人身损害，应承担赔偿责任。苗某作为成年人，应具备电动车的速度要远高于普通自行车的常识，对自己在城市道路上骑电动车出行理应提高安全注意义务。其在天气正常、光线充足的白天准备骑行通过路面铁轨时，应该能够看到铁轨的客观存在，进而预见可能发生的危害后果。但其仍过于自信骑行通过，造成损害结果，具有过错，亦应承担责任。最终，法院根据苗某的过错程度判决某铁路公司承担 30% 的赔偿责任。

【典型意义】

由于历史原因，我国许多地方城市道路与铁路之间建有平交道口，有人或无人看守。随着我国经济的快速发展，城市的升级改造日新月异，铁路建设也发生了翻天覆地的变化。平坦宽阔的城市道路不仅让群众出行更加顺畅便利，也极大地提升了百姓的生活品质。原先设置的一些平交道口虽然不再有火车运营，但由于种种原因，铁路线路却依然保留了下来。本案案发地段即是典型的与城市道路相交的废弃的铁路线路。一旦发生事故，作为产权单位的铁路运输企业仍须承担相应的侵权责任。当前，无论出于何种原因，在大量废弃线路不能及时拆除的情况下，铁路部门可以考虑在类似的区段设置警示标志，或者将铁路线路与城市道路平交相嵌的缝隙填平，以充分履行防护义务，使道路更通畅，让百姓更安康。道路千万条，安全第一条。铁路运输企业不仅需要保障旅客出行更安全，在参与城市建设的过程中，让人民群众多一份安全感、多一些幸福感，也是铁路部门的应有之义。

编写人员：太原铁路运输中级法院　华　山

2 列车停车位置不当，铁路企业须担责

【案情简介】

乔某某，女，在校大学生。2015年3月2日，乔某某乘坐列车。列车到站后，其下车时踩在车门正对平交道口的斜坡上，致右脚扭伤。随后车站人员叫救护车并陪同其就诊于某市第四人民医院，经诊断：乔某某右足外伤，右腓骨下段骨折，右内踝骨骨折、伴脱位。乔某某家人当天租车赶往该市，怕其在当地治疗留后遗症、残疾，遂与其坐救护车转诊于某省人民医院救治，后经司法鉴定损伤程度属八级伤残。因赔偿事宜未达成一致，乔某某向法院提起诉讼，要求某车务段及客运段赔偿医疗费、交通费、护理费、残疾赔偿金、二次手术费、精神抚慰金等各项损失共计23万余元。

【判决结果】

法院经审理认为，本案系铁路运输人身损害责任纠纷。根据《最高人民法院关于审理铁路运输人身损害赔偿纠纷案件适用法律若干问题的解释》及《侵权责任法》的规定：铁路运输造成人身损害的，铁路运输企业应当承担赔偿责任；受害人有过错的，应当根据受害人的过错程度适当减轻铁路运输企业的赔偿责任。原告作为完全民事行为能力人，在下火车时，应该注意自身安全。原告下车时没有手扶栏杆，双手拎大行李箱并将箱子置于身前，阻挡了视线，说明

原告安全意识淡薄，具有过错，应由其承担相应的责任。同时，列车停车位置不当，车门正对平交道口斜坡，也是导致原告受伤的原因之一，铁路运输企业也应承担相应的责任。根据《侵权责任法》第八条、第二十六条的规定，认定被告某车务段与某客运段连带承担50%的赔偿责任，乔某某承担50%的责任。

【法理分析】

本案是因列车停车位置不当致旅客下车扭伤的人身损害赔偿案件。乔某某购买了火车票便与铁路运输企业订立了旅客运输合同，其按车票指定的车次乘坐火车，承运人应当按约定期间将其安全运送至约定地点。《最高人民法院关于审理铁路运输人身损害赔偿纠纷案件适用法律若干问题的解释》第十二条规定："铁路旅客运送期间发生旅客人身损害，赔偿权利人要求铁路运输企业承担违约责任的，人民法院应当按照《中华人民共和国合同法》第二百九十条、第三百零一条、第三百零二条等规定，确定铁路运输企业是否承担责任及责任的大小；赔偿权利人要求铁路运输企业承担侵权赔偿责任的，人民法院应当依照有关侵权责任的法律规定，确定铁路运输企业是否承担赔偿责任及责任的大小。"本案中，乔某某在运送期间发生了人身损害结果，依照法律规定，其有权选择承运人承担违约责任或侵权责任，所以其请求铁路部门承担侵权赔偿责任是有法律依据的。《侵权责任法》第六条第一款规定："行为人因过错侵害他人民事权益，应当承担侵权责任。"第二十六条规定："被侵权人对损害的发生也有过错的，可以减轻侵权人的责任。"上述条款主要表现过错原则的适用，即行为人对他人的民事权益造成损害是否具有过错，有过错就应承担赔偿责任。具体到本案，列车因停车位置不当,致本案损害结果发生,铁路部门具有过错,应承担赔偿责任。乔某某下火车时,没有手扶栏杆,而是双手拎大行李箱并将箱子置于身前,阻挡了视线,也是造成自身右脚扭伤的原因之一。其作为完全民事行为能力人没有尽到安全注意义务,具有过错,故应承担相应的责任。最终,法院在依法认定各方过错大小的基础上作出了判决。

【典型意义】

正如本案所鉴,由于司乘人员操作不当导致列车停车时车门正对平交道口斜坡,进而造成旅客下车扭伤。虽然旅客也有一定的过错,但作为承运人的铁路运输企业首先具有安全运送旅客到达目的地的法定义务,保障旅客安全是对铁路运输企业的最低要求。当旅客把旅程交付给铁路时,这不仅仅是一张小小的车票,更是对生命健康的托付。安全你我他,幸福千万家。无论铁路如何发展,切实提高服务质量,充分履行安保义务是铁路企业的底线,也是生命线。

编写人员:太原铁路运输中级法院 华 山

3 攀爬火车被高压电击中，经营者要承担侵权责任

【案情简介】

2014年10月26日6时左右，贾某进入某铁路货场院内，爬上停在货场内的棚车，被车顶上方的高压电击中，随即被救护车送至医院进行救治。经诊断：贾某面部、躯干及四肢多处烧伤，休克，电击伤及右上肢神经损伤。贾某前后共计住院80天，支出医药费111 984元。2015年12月1日，某司法鉴定中心对贾某的伤残等级作出司法鉴定，鉴定意见为：构成五级伤残一处、七级伤残二处，护理期为60~120日，营养期为90~120日。上述该铁路货场为某铁路公司的下属单位，造成贾某损伤的高压电线路属于其管理和使用。双方就赔偿事宜未能达成一致，贾某向法院提起诉讼，要求某铁路公司承担医疗费等各项费用的80%，共计459 298元。

【判决结果】

法院经审理认为，贾某虽系未成年人，但事发时已满15周岁，对擅自攀爬列车的危险有一定认知，对造成其被高压电击伤的损害后果负有过错。贾某的父亲作为监护人，疏于教育管理和引导，放任其子在货场内随意玩耍，负有监护不利的过错。某铁路公司在自认有门卫经过检查且进行车辆登记的情况下，依然让未成年人轻易进入货场，且贾某攀爬列车时无货场工作人员进行阻止，造成被高

压电击伤的事故，显示安全防护措施不到位，明显警示严重不足。鉴于双方对损害结果均存在过错，法院根据当时生效的《侵权责任法》及《最高人民法院关于审理铁路运输人身损害赔偿纠纷案件适用法律若干问题的解释》等有关规定，判决某铁路公司承担贾某70%的损失，即385 205元的赔偿责任。

【法理分析】

1. 列车在铁路货场中等待装车，属于运营中的一个环节，应当适用《最高人民法院关于审理铁路运输人身损害赔偿纠纷案件适用法律若干问题的解释》的规定

《最高人民法院关于审理铁路运输人身损害赔偿纠纷案件适用法律若干问题的解释》第一条第一款规定："人民法院审理铁路行车事故及其他铁路运营事故造成的铁路运输人身损害赔偿纠纷案件，适用本解释。"

本案中，贾某爬上在铁路货场中等待装车的列车，被高压电击中受伤，属于上述解释中的"其他铁路运营事故"，不属于扩大解释，而是该条规定的应有之意。此外，根据该解释第六条的规定，其他未经许可进入铁路线路、车站、货场等铁路作业区域的过错行为，造成人身损害的情形也适用该解释。

因此，虽然列车未在行驶过程中，但依法应当适用《最高人民法院关于审理铁路运输人身损害赔偿纠纷案件适用法律若干问题的解释》的有关规定。

2. 高压电力设施管理人已设置安全警示标志，不能作为法定免责事由

高压电力设施管理人对高度危险作业造成的损害承担无过错责

任。本案中，某铁路公司在货场设置安全警示标志，警示无关人员不得入内，但在管理以及限制入场等问题上存在重大疏漏。该铁路公司明知场内有高度危险作业，仍然放任未成年人轻易进入货场，且在贾某攀爬列车时没有货场工作人员进行阻止。某铁路公司作为铁路运输企业对货场管理及高压线路设施防护严重不足，仅设置安全警示标志，不能作为其法定免责事由。

此外，原告虽系未成年人，但事发时已满15周岁，对擅自攀爬列车的危险有一定认知，对造成其被高压电击伤的损害后果负有过错；原告父亲作为监护人，疏于教育和引导管理，放任其子在货场内随意玩耍，负有监护不利的过错。

根据《最高人民法院关于审理铁路运输人身损害赔偿纠纷案件适用法律若干问题的解释》第六条第一项的规定，对于未经许可进入铁路线路、车站、货场等铁路作业区域的过错行为，造成人身损害的，"铁路运输企业未充分履行安全防护、警示等义务，受害人有上述过错行为的，铁路运输企业应当在全部损失的百分之八十至百分之二十之间承担赔偿责任"。因贾某及其监护人对于造成贾某损失的结果具有一定过错，根据前述解释第八条第二款的规定，应适当减少某铁路公司的侵权责任。本案法院认为贾某尚未成年，身体承受多处伤残，康复周期较长，某铁路公司应承担造成贾某全部损失70%的赔偿责任，有相应的事实及法律依据。

【典型意义】

高压电力设施造成人身损害的责任主体应当为该高压设施的经营者。根据《民法典》第一千二百四十条的规定，高压电力设施造成人身损害的，经营者应当承担侵权责任。在我国司法实践中，对高压电力设施造成人身损害的责任主体存在不同的观点。

有司法观点认为，经营者就是供电公司，理由是造成高压触电事故的并非电力设施或高压电线本身，而是电力设施上承载的高压电能，故而不再以产权归属进行区分，直接认定供电公司是高压电能的提供者，应当承担赔偿责任。也有司法观点认为，经营者是指利用电力设施进行生产经营活动，并享有运营利益的产权人和管理人。

笔者倾向于第二种司法观点。第一，不应割裂电力设施与高压电能的关系来推定经营者。高压触电事故并非电力运行事故，触电事故是由带电的电力设施造成的，两者缺一不可。没有电力设施的存在，高压电能无从承载，更无法作用于人身；没有高压电能，高压线路则与普通的金属线无异。但是如果割裂设施和电能间互为条件的关系，简单的认定电击伤害是由线路上的高压电流造成，应由供电公司承担责任，电力设施、产权人均与触电事故无关的推定不能成立，电能必须通过电力设施作为其载体才能发挥效用。

第二，享有运营利益不应当以收取电费为标准，而应当为利用电力设备生产经营并获取利益。不应脱离电能载体的实际控制和管理情况，当然的以供电公司对高压电能享有运行利益而认定其就是经营者。发电企业、供电企业、利用电力设施进行生产经营的电力用户均享有电能的运行利益，均可能成为高压经营者。本案中，某铁路公司实际利用高压设备进行生产经营活动，其对事故高压设备拥有支配权，享受运行利益，符合《民法典》第一千二百四十条中关于经营者的法律特征。其作为本案的适格被告与责任承担主体，合情合法。

因此，本案的处理结果，除对高压电力设施损害责任承担比例有参照意义外，对于责任主体的确定，也具有一定的指导意义。

编写人员：太原铁路运输中级法院　吕　楠

4 行人横穿铁路被火车撞轧致死，经营者应承担责任

【案情简介】

2014年5月3日，某列车司机发现列车运行前方左侧有行人走上铁路，遂采取停车措施。但因避让不及时，列车与冯某相撞，致冯某当场死亡。经查，事故现场线路两侧大约有100米左右的无护网设施，下行线路右侧路边有护栏一处约50米左右，路边设有标识牌2个，下行线路左侧有过往村民行走形成的人行便道，附近居民乘坐公交汽车在此下车横穿铁路，形成自然的公交站点。赔偿事宜双方未能达成一致，冯某继承人向法院提起诉讼，要求某铁路公司承担冯某死亡赔偿金等各项损失226 283.5元。

【判决结果】

法院经审理认为，冯某因回家侵入铁路限界，穿越铁路线路时被列车撞轧后死亡，系铁路运输造成的人身损害。铁路运输属高速轨道运输工具，《侵权责任法》第七十三条规定："从事高空、高压、地下挖掘活动或者使用高速轨道运输工具造成他人损害的，经营者应当承担侵权责任，但能够证明损失是因受害人故意或者不可抗力造成的，不承担责任。被侵权人对损害的发生有过失的，可以减轻经营者的责任。"某铁路公司作为事故线路的经营者，应当对冯某的死亡承担赔偿责任。冯某作为完全民事行为能力人，应当充分预

见到穿越铁路线路的危险性，其未认真瞭望而匆忙穿越铁路线路，是导致本次事故发生的重要原因，故其对自身伤亡的发生应承担部分民事责任。

鉴于双方对损害结果均存在过错，法院判决某铁路公司承担原告损失 50% 的赔偿责任。

【法理分析】

从事铁路运输的列车属于《侵权责任法》第七十三条规定的"高速轨道运输工具"，经营者对该高度危险作业所造成的损害承担的是无过错责任。

本案中，某铁路公司作为涉案铁路运输的经营者，负有管理、保障列车安全运行的义务。该铁路运输段长期有行人通行，某铁路公司应当在铁路线路途经居民区的路段设置完善的安全保障设施。事故发生地附近虽设有安全警示标志，但未在行人通行处的醒目位置放置。某铁路公司虽在该线路长期形成的公交站点处设置了其他防护、警告措施及安排人员值守，但未能有效阻止行人穿越铁路线路，故认定其在铁路线路安全防护和警示义务上存在瑕疵，应当依法承担相应的赔偿责任。

此外，冯某作为完全民事行为能力人，应当充分预见到穿越铁路线路的危险性，其未认真观察铁路是否有列车经过而匆忙穿越铁路线路，是导致本次事故发生的重要原因，故其对自身伤亡的发生应承担部分民事责任。

根据《最高人民法院关于审理铁路运输人身损害赔偿纠纷案件适用法律若干问题的解释》第六条第一项的规定，对于未经许可进入铁路线路、车站、货场等铁路作业区域的过错行为，造成人身损害的，"铁路运输企业未充分履行安全防护、警示等义务，受害人有上述过错行为的，铁路运输企业应当在全部损失的百分之八十至百分之二十之间承担赔偿责任"。

因冯某对于损失结果的造成存在重大过错，根据前述解释第八条第二款的规定，应适当减少某铁路公司的侵权责任。本案法院认为结合全案事实，某铁路公司依法应承担造成冯某全部损失 50% 的赔偿责任，有相应的事实及法律依据。

【典型意义】

根据《民法典》第一千二百四十条的规定，从事高空、高压、地下挖掘活动或者使用高速轨道运输工具造成他人损害的，经营者应当承担侵权责任，该侵权责任系无过错责任。只有能够证明损害是因受害人故意或者不可抗力造成的，经营者才无须承担责任。被侵权人对损害的发生有重大过失的，可以减轻经营者的责任。

因此，在审理高空、高压、地下挖掘活动或者高速轨道运输工具造成他人损害的案件时，法院主要审理事实应当是受害人是否故意或者存在不可抗力，在没有前述情形的条件下，着重审理事故发生时受害人的过错程度。具体到本案，法院经审理认为，冯某在横穿铁路线路时，应当尽到认真观察铁路线路是否有列车经过，此为基本的审慎义务。冯某被列车撞轧致死，自身有重大过错。且铁路运输线路的经营者某铁路公司确实存在警示不足的部分过错，在此情况下，要求某铁路公司承担 50% 的侵权责任。

笔者认为，关于高速轨道运输工具致人损害侵权责任的构成要件，应当包括以下几点。

（一）侵权行为

高速轨道运输工具致人损害的侵权行为系侵权人从事了《民法典》第一千二百四十条规定的高度危险活动。高度危险责任归责的基础在于高度危险的存在。高度危险活动即使极尽审慎但是仍然对周围环境，人群的生命、健康、财产造成潜在危险。高度危险物的占有人和使用人必须采取可靠的安全措施，避免高度危险物造成他人损害。

（二）损害结果

被侵权人应证明高度危险活动给自己造成了人身或财产的损害结果。损害结果的相关证据有：人身的损害，如死亡证明（如有）、人身损伤致残程度的证明、医疗诊断证明；财产的损失，如医疗费、误工费、护理费等医疗支出的各项费用及因误工减少的收入证明，户口册（被扶养人情况）等。

（三）因果关系

1. 高度危险活动不适用举证责任倒置

第一，高度危险活动举证责任倒置的规则依据已被废止。高度危险活动举证责任倒置的法律依据为《最高人民法院关于民事诉讼证据的若干规定》第四条第二项的规定："（二）高度危险作业致人损害的侵权诉讼，由加害人就受害人故意造成损害的事实承担举证责任。"但是2020年5月1日实施的《最高法院关于民事诉讼证据的若干规定》已删除了相关规定。

第二，高度危险活动举证责任倒置的理解偏差。高度危险活动属于无过错责任，无过错责任是确定行为人民事责任的标准；举证责任倒置则是举证责任分配制度下的转移承担，两者并不等同。受害人故意并非权利主张方（原告）提起诉讼时需要举证证明的内容，侵权人要求免责的举证责任应根据《最高人民法院关于适用〈中华人民共和国民事诉讼法〉的解释》第九十一条第二项的规定归属于提出主张的一方，故而高度危险责任中"受害人故意"本就不属于举证责任倒置，而是侵权人所主张事实应提出相应证据的应有之义。

2. 因果关系的证明

被侵权人应证明损害结果是由于侵权人的高度危险活动导致的。该证明责任并不一定要求被侵权人有直接证据，被侵权人提供的证据能够形成逻辑链条，对其遭受高速轨道运输工具事故的证明达到高度盖然性的结论即可。

编写人员：太原铁路运输中级法院　吕　楠

5 铁路沿线发生事故受害人存在过错，道路管理单位仍需承担赔偿责任

【案情简介】

2017 年 9 月 5 日 20 时 30 分左右，王某驾驶两轮摩托车后座载有其妻李某沿某县县道回村途中，经过公路、铁路立交的跨线桥时，从跨线桥北侧公路与铁路路堑连接处连人带车坠入桥下太焦铁路线路。21 时 40 分许，一辆列车运行至附近时，值乘司机发现列车运行前方约 80 米处左侧钢轨有异物，遂采取紧急制动非常停车措施，列车紧急停车过程中从王某身上轧过，致其腰部断裂致死。李某被送至县人民医院救治，经诊断为：左腕关节骨折、脱位，左髋关节后脱位、左坐骨支骨折、头皮撕脱伤、左侧额骨骨折、全身多处软组织擦裂伤、脑震荡。该县交警队认定王某系酒后驾驶且未取得机动车驾驶证，驾驶的摩托车为无号牌机动车，夜间行驶未降低至安全车速，是造成道路交通事故的直接原因，王某负全部责任。

一审法院认定某交通运输局承担 30% 的赔偿责任，某公司、某铁路局承担 20% 的赔偿责任，以上三当事人不服，向二审法院提起上诉。

【判决结果】

上级法院经审理认为，根据《最高人民法院关于审理人身损害赔偿案件适用法律若干问题的解释》第二十七条、第二十八条、第

二十九条,《最高人民法院关于确定民事侵权精神损害赔偿责任若干问题的解释》第十条、第十一条的规定,侵害他人造成死亡的,应当赔偿丧葬费、死亡赔偿金、被扶养人生活费;造成他人严重精神损害的,可以请求精神损害赔偿。受害人王某系农民,不满60周岁,其子王某1(17岁)未成年。原告依据晋公通字(2018)54号文件中的有关统计数据主张的丧葬费、死亡赔偿金、被扶养人生活费符合规定,予以支持。三原告主张的丧葬费30 030.5元、死亡赔偿金384 240元、被扶养人生活费8 424元,三项共计422 694.5元。被告某县交通运输局按30%的责任承担比例赔偿126 808.35元,被告某铁路局、被告某公司按20%的责任承担比例共同赔偿84 538.9元。精神损害抚慰金考虑侵权人和受害人各自的过错程度、三被告承担责任的经济能力、受害人的亡故给家属造成精神重大创伤以及带来家庭生活严重困难等因素,酌情支持25 000元,其中被告某县交通运输局赔偿15 000元,被告某铁路局、被告某公司赔偿10 000元。综上,依照《侵权责任法》第六条第一款、第十二条、第十六条、第二十二条等规定,判决如下:一、被告某县交通运输局于本判决生效后十日内赔偿原告丧葬费、死亡赔偿金、被扶养人生活费共计126 808.35元,并赔偿精神损害抚慰金15 000元,以上共计141 808.35元。二、被告某铁路局、某公司于本判决生效后十日内赔偿原告李某、王苗燕、王某1丧葬费、死亡赔偿金、被扶养人生活费共计84 538.9元,并赔偿精神损害抚慰金10 000元,以上共计94 538.9元。三、驳回原告的其他诉讼请求。

【法理分析】

本案是由交通事故引发的铁路运输人身损害责任纠纷。导致王某死亡有下列几方面原因，这些原因也是评判各方责任的重要依据。

第一，王某无证、酒后驾驶未悬挂号牌摩托车严重违反了《道路交通安全法》的相关规定。在东岜公路（军民路）跨越太焦铁路跨线桥处明显变窄的情况下，王某在夜间行驶未尽到安全谨慎的驾驶义务，驶离公路正线进入铁路路堑，坠入铁道桥下导致火车碾压死亡的发生，其对死亡损害结果应承担重要责任。

第二，依据《中华人民共和国公路法》第二十六条第一款"公路建设必须符合公路工程技术标准"，及铁道部、交通运输部颁布的《关于公铁立交和公铁并行路段护栏建设与维护管理相关问题的通知》"涉案公路为县道，该县交通运输局作为该公路维护、管理单位"，涉案公路临近铁路跨线桥处由宽变窄，道路标志、标线不完备，某县交通运输局作为责任单位设置防护栏等附属设施存在缺失，王某正是从防护栏缺失处驶入铁路路堑并坠入太焦铁路线，导致其被火车碾压事故的发生。

第三，王某坠入铁路线至列车碾压，已超过半小时，而未见铁路相关人员及时巡检，以致王某被碾压。在跨线铁路桥未移交地方的情况下，该桥的安全防护设施设置存在缺失，某铁路局和某公司应承担相应责任。此外，三被告对事发地跨线桥产权归属、管护责任长期不明确，未设置完备的隔离护网、护栏等附属设施，默认安全隐患长期存在，影响不特定人的交通出行安全。某县交通运输局承担 30% 的赔偿责任，某公司和某铁路局承担 20% 的赔偿责任，不存在畸重和显失公平的情形。

【典型意义】

本案涉及铁路交通事故的责任认定，存在很大特殊性。道路交通事故的责任认定不能等同于铁路交通事故的责任认定。本案纠纷虽是铁路运输人身损害责任纠纷，但是造成铁路交通事故发生的原因是王某从跨线桥处坠入铁路线路，侵入铁路限界并摔落在铁轨上后被行驶至此处的火车碾压。虽然交通部门认定造成道路交通事故的直接原因，王某负全部责任，但实际上导致这个结果的原因则是多方面的：一方面是王某本人违章驾驶摩托车夜间行驶未尽谨慎合理注意义务，另一方面是道路管理部门在该跨线桥公路与铁路路堑上方连接处没有设置任何安全防护措施，还有一方面是铁路部门对跨线桥的巡视检查和安全监管缺失。三方混合过错的行为叠加，导致王某身亡，三方应根据各自过错程度分别承担相应的赔偿责任。根据《侵权责任法》第十二条的规定，被告某铁路局、某公司作为负责铁路运输安全管理的铁路运输企业，被告某县交通运输局作为跨越铁路线路的道路桥梁的安全管理和维护单位，均未按照各自职责落实护路联防责任，疏于防范，推诿扯皮，未能有效保障铁路行车安全，造成受害人王某死亡这一后果，应就其各自过错承担相应责任。本案在处理既涉及公路又涉及铁路的人身损害案件中具有一定参考价值。

编写人员：太原铁路运输中级法院　宋新华

6 车站未充分履行安全防护、警示等义务造成他人损害的，应当承担侵权责任

【案情简介】

2018 年 2 月 23 日，张某与同伴到火车站玩耍，二人翻越站区围墙，越过护栏，进入铁路线路攀爬到车顶照相。张某拍照时，被棚车顶部高空接触网高压电击中从车顶摔落地面。派出所民警到达现场将张某送至医院进行救治，经诊断为小儿特重度烧伤、烧伤休克、吸入性损伤（中度）、急性肺损伤、支气管肺炎（两肺）、高空坠落伤、皮肤软组织挫伤。出院后张某向法院提起民事诉讼，请求法院判令车站所属的某公司及某车务段支付其医疗费、住院伙食补助费、营养费、护理费、交通费和精神损害抚慰金等费用。

【判决结果】

法院经审理认为，综合考虑某公司、某车务段履行安全防护、警示义务的实际情况及张某的过错程度，某公司、某车务段应承担 70% 的赔偿责任。法院认定张某损失费用为医疗费 223 883.64 元、护理费 22 232.75 元、营养费 8 950 元、交通费 1 545.2 元、住院伙食补助费 5 900 元，共计约 262 512 元，故某公司、某车务段应向张某赔偿上述损失费用的 70%，即 183 758.4 元；精神损害抚慰金 40 000 元。综合考虑侵权人的过错程度、受害人及其监护人的过错程度、侵权行为方式、造成的后果及侵权人承担责任的经济能力，

对该数额亦予以确认。上述款项共计 223 758.4 元。鉴于某车务段为非独立法人，不能独立承担民事责任，其民事责任由其上级单位某公司承担。故某公司应承担 223 758.4 元的赔偿责任。

【法理分析】

对于张某受伤，车站是否应承担责任以及责任如何划分？

根据《侵权责任法》第七十三条"从事高空、高压、地下挖掘活动或者使用高速轨道运输工具造成他人损害的，经营者应当承担侵权责任"的规定，某公司、某车务段作为铁路运输企业，对其运营车站站区内的高压线路设施造成张某人身损害，应当承担侵权损害赔偿责任。结合本案现有证据能够证实，某车务段所属某站存在对站区内安全管理责任落实不到位的事实。两名未成年人能够轻易翻越栅栏进入车站、越过铁路线路攀爬上火车顶部，在此过程中车站管理人员未能及时发现并予以阻止。张某被接触网高压电击伤后，车站管理人员亦未在第一时间出现在事故现场予以及时救助。上述情况说明某站站区管理和安全防范严重缺失，警示标志明显不足，设施设备巡查维护失责，事故救援应急处置缺乏。这是事故发生的主要原因。

张某虽系未成年人，但事发时已满 15 周岁，对擅自翻越铁路防护栅栏、穿越铁路线路、攀爬火车车顶进行拍照的危险有一定认知，对其造成被高压电击伤的损害后果负有过错；因张某未满 18 周岁，其监护人疏于铁路安全和防止触电的教育、引导和管理，负有监护不利的过错，这是事故发生的次要原因。

根据《侵权责任法》第二十六条"被侵权人对损害的发生也有过错的，可以减轻侵权人的责任"，《最高人民法院关于审理铁路运输人身损害赔偿纠纷案件适用法律若干问题的解释》第六条"因受害人翻越、穿越、损毁、移动铁路线路两侧防护围墙、栅栏或者其他防护措施穿越铁路线路，偷乘货车，攀附行进中的列车，在未设置人行通道的铁路桥梁、隧道内通行，攀爬高架铁路线路，以及其他未经许可进入铁路线路、车站、货场等铁路作业区域的过错行为，造成人身损害的，应当根据受害人的过错程度适当减轻铁路运输企业的赔偿责任"的规定，应减轻某公司、某车务段的赔偿责任。

综合考虑某公司、某车务段履行安全防护、警示义务的实际情况及张某的过错程度，二审法院认为，一审法院认定80%的责任承担比例不当应予调整，某公司、某车务段应承担70%的赔偿责任。

关于某公司不予支付后续治疗费10万元的请求，法院认为，依据《最高人民法院关于审理人身损害赔偿案件适用法律若干问题的解释》第十九条第二款"医疗费的赔偿数额，按照一审法庭辩论终结前实际发生的数额确定。器官功能恢复训练所必要的康复费、适当的整容费以及其他后续治疗费，赔偿权利人可以待实际发生后另行起诉。但根据医疗证明或者鉴定结论确定必然发生的费用，可以与已经发生的医疗费一并予以赔偿"的规定，本案中，该后续治疗费实际没有发生，也没有医疗证明或者鉴定结论确定必然发生，故法院支持某公司不予支付后续治疗费10万元的请求，张某可以待后续治疗费实际发生后另行起诉。

【典型意义】

火车站未充分履行安全防护、警示等义务造成他人损害的，应承担侵权责任。

根据《侵权责任法》第七十三条"从事高空、高压、地下挖掘活动或者使用高速轨道运输工具造成他人损害的，经营者应当承担侵权责任"和《民法典》第一千二百四十条"从事高空、高压、地下挖掘活动或者使用高速轨道运输工具造成他人损害的，经营者应当承担侵权责任;但是,能够证明损害是因受害人故意或者不可抗力造成的,不承担责任。被侵权人对损害的发生有重大过失的,可以减轻经营者的责任"的规定,作为铁路运输企业,对其运营车站站区内的高压线路设施造成原告人身损害,应当承担侵权损害赔偿责任。被告某车务段所属某站对站区内安全管理责任落实不到位,两名未成年人轻易翻越栅栏进入车站、越过铁路线路攀爬上火车顶部,竟然无人发现并阻止,原告被接触网高压电击伤从车顶摔落地面后,直到与原告同行的伙伴向附近院内的居民呼救,甚至在该居民拨打 120 和 110 电话,救护车和铁路派出所民警赶到现场后,车站管理人员仍未见踪迹。上述情况说明车站站区管理和安全防范严重缺失,警示标志明显不足,设施设备巡查维护失责,事故救援应急处置缺乏。根据《铁路安全管理条例》第五十条"在下列地点,铁路运输企业应当按照国家标准、行业标准设置易于识别的警示、保护标志:(一)铁路桥梁、隧道的两端;(二)铁路信号、通信光(电)缆的埋设、铺设地点;(三)电气化铁路接触网、自动闭塞供电线路和电力贯通线路等电力设施附近易发生危险的地点"、第五十五条"铁路运输企业应当对铁路线路、铁路防护设施和警示标志进行经常性巡查和维护;对巡查中发现的安全问题应当立即处理,不能立即处理的应当及时报告铁路监督管理机构。巡查和处理情况应当记录留存"的规定,从现场照片及铁路公安部门现场勘查情况来看,车站未充分履行安全防护、警示等义务。

因此,车站应严格依据《铁路安全管理条例》第五十条、第五十五条等相关法律法规的规定,充分履行安全防护及警示义务,才能最大限度地减少不必要的侵权责任事故的发生。

编写人员:太原铁路运输中级法院　程　键

7 穿高跟鞋在网眼状乘降梯摔倒致伤责任的划分

【案情简介】

段某于 2015 年 9 月 13 日乘坐某列车，下车时其所穿的高跟鞋鞋跟卡在被告某公司的列车网眼状乘降梯而摔倒在站台上，入院诊断为左肱骨远端骨折、左侧桡神经损伤，共住院治疗 16 天。段某出院后手功能障碍一直持续，复查时大夫口头建议段某去北京某医院进行检查和康复咨询。2015 年 10 月 15 日，段某在家人陪同下去北京某医院看病，并在该院退休医生开办的康复中心进行了为期十天的康复治疗。事后，段某向当地基层法院提起诉讼，经审查后作出相应判决，当事人双方均不服上述判决，向中级法院提起上诉。

【判决结果】

一审法院认为，根据《最高人民法院关于审理人身损害赔偿案件适用法律若干问题的解释》第二十三条的规定，结合《山西省财政厅关于印发〈省直机关差旅费管理办法〉的通知》第十七条的规定，支持原告的伙食补助费、营养费；根据段某提供的《伤残等级鉴定意见书》，段某伤残等级为八级，支持段某鉴定费、残疾赔偿金的诉讼请求；根据《最高人民法院关于审理人身损害赔偿案件适用法律若干问题的解释》第十八条及《最高人民法院关于确定民事侵权精神损害赔偿责任若干问题的解释》第十一条的规定，酌情予以支持，按照双方承担责任比例分担。

　　二审法院认为：二审期间，双方当事人均没有提交新的证据。一审判决认定事实清楚，适用法律正确，程序合法，故驳回上诉，维持原判。

【法理分析】

1. 民法中"完全民事行为能力人"的认定

《民法典》第十八条规定："成年人为完全民事行为能力人，可以独立实施民事法律行为。十六周岁以上的未成年人，以自己的劳动收入为主要生活来源的，视为完全民事行为能力人。"笔者认为，首先，完全行为能力人应具备基本的安全出行意识，应尽到合理注意义务，对公共交通工具上发生的损害结果，自身具有过错。其次，公共交通工具的管理人、服务人员也应尽到提示、说明义务。

2. 侵权损害赔偿范围

《民法典》第一千一百七十九条规定："侵害他人造成人身损害的，应当赔偿医疗费、护理费、交通费、营养费、住院伙食补助费等为治疗和康复支出的合理费用，以及因误工减少的收入。造成残疾的，还应当赔偿辅助器具费和残疾赔偿金；造成死亡的，还应当赔偿丧葬费和死亡赔偿金。"第一千一百八十三条第一款规定："侵害自然人人身权益造成严重精神损害的，被侵权人有权请求精神损害赔偿。"第一千一百八十六条规定："受害人和行为人对损害的发生都没有过错的，依照法律的规定由双方分担损失。"本案对一审的护理费、营养费、精神损害抚慰金计算标准是否正确，交通费、住宿费没有票据不予支持是否妥当，笔者认为：护理费、营养费的计算标准均根据《最高人民法院关于审理人身损害赔偿案件适用法律若干问题的解释》第二十一条第一款"护理费根据护理人员的收入状况和护理人数、护理期限确定"和第二十四条"营养费根据受害人伤残情况参照医疗机构的意见确定"的规定予以计算，并无不妥。

关于精神损害抚慰金。根据《最高人民法院关于确定民事侵权精神损害赔偿责任若干问题的解释》第十一条"受害人对损害事实和损害后果的发生有过错的，可以根据其过错程度减轻或者免除侵权人的精神损害赔偿责任"的规定，原告要求赔偿 10 000 元，因双方均存在过错，按照公平原则，法院支持了原告的部分请求，要求被告赔偿 5 000 元，也并无不妥之处。

关于住宿费和交通费。根据《最高人民法院关于审理人身损害赔偿案件适用法律若干问题的解释》第二十二条"交通费根据受害人及其必要的陪护人员因就医或者转院治疗实际发生的费用计算。交通费应当以正式票据为凭；有关凭据应当与就医地点、时间、人数、次数相符合"的规定，原告没有正式的凭证无法证明交通费用的数额，且根据《最高人民法院关于民事诉讼证据的若干规定》第二条第二款"没有证据或者证据不足以证明当事人的事实主张的，由负有举证责任的当事人承担不利后果"，原告应当承担无法举证的不利后果，法院没有支持原告的该项诉讼请求也无不妥之处。

【典型意义】

客运合同中，承运人应当对运输过程中旅客的伤亡承担赔偿责任，但是，如伤亡是因旅客自身健康原因造成或者承运人证明旅客存在故意、重大过失情节的除外。本案中，原告的损害虽然自身存在一定过失，但不属于重大过失，且受损害地在被告管辖地，所以可根据《合同法》的规定按照合同违约处置，当然在合同违约中无法请求精神损害赔偿，只能按照双方的过错承担赔偿责任。也可以按照侵权责任进行处置，即本案的处理方式，在侵权责任中可以要求赔偿精神损害，具体的处置行为由当事人选择。本案在处理上述纠纷时，既严格按照法律规定，又根据事实，从实际出发，合理运用法官的裁量权，对侵权责任精神损害赔偿案件具有参考价值。

编写人员：太原铁路运输中级法院　刘龙玉

8 "铁路防护网破洞"究竟谁买单

【案情简介】

2016年12月2日19点47分左右，正在行驶中的某次列车将擅自通过铁路防护网进入某段铁路下行12公里880米处行走的何某撞击身亡。事发后，铁路部门经现场勘验，认定何某违反了《中华人民共和国铁路法》(以下简称《铁路法》)、《铁路安全管理条例》的规定，事故系何某自身原因造成，对此应负全部责任。何某亲属不服，向法院提起诉讼，要求铁路部门承担全部人身损害赔偿责任。

【判决结果】

法院经审理认为，铁路部门虽然在事发路段的铁路两边安装有防护栅栏、刺丝滚笼等防护设施，但并未设置警示标志，且部分铁丝网栅栏有多处人为破坏形成的漏洞，表明其履行安全防护义务不够充分。某次列车司机在驾驶列车过程中没能尽到充分瞭望的义务，与事故的发生有一定的因果关系，机务段作为列车的运营及产权单位，应承担相应的过错责任。受害人何某无视铁路防护设施，擅自进入封闭的铁路线路区间，并在铁路线路上站立、行走。其事发时属于完全民事行为能力人，对自己的行为可能造成的危险有足够的认知，对事故亦应负一定责任。故判决铁路运输企业承担相应的赔偿责任。

【法理分析】

1. 原因分析

铁路交通人身伤亡事故频频发生，究其原因主要有两方面：一是受害人安全意识淡薄，违章侵入铁路限界，是发生事故的主要原因。铁路沿线、站区周边居民和闲散人员贪图省事，不走安全道口和地道，擅自跨越铁路线路；行人通过道口时，不停留瞭望，盲目穿行，从而导致事故频繁发生。二是铁路点多线长，防护设施不完备，是事故发生的客观原因。有的铁路站区周围、线路两侧没有架设防护网；有的防护网破损没有及时修理，铁路立交道口建设滞后，开挖的地下通道地势低下陡直，积水或垃圾无人清理，难于通行。

2. 对策建议

第一，加强铁路沿线、站区的安全宣传。制止和劝阻违反铁路安全法规的行为，营造一个安全、稳定、畅通的周边环境和运输秩序。

第二，铁路运输企业要在防护和管理上下功夫。列车属于高速运输工具，对周围环境存在一定的危险，要加强区间和站区的防护工作，在人员、车辆流量大的道口，尽量设立交道口或者有人看守道口，减少无人看守道口；尽可能地在区间和站区周边设立防护网，必要时设立警示牌。对于已设立的防护网、警示牌要加强维护，对拆盗防护网、警示牌的行为要以破坏交通运输设施追究法律责任。要加强站区的管理，对侵入站区、线路的闲杂人员要进行劝阻、清理。

【典型意义】

铁路运输是一项高度危险作业。既然产生这种危险，铁路运输企业就有责任和义务消除。首先，在本案中被告铁路部门有义务设置安全防护网并确保安全网的防护性能，但在防护网产生破损的情况下，铁路部门没有及时履行维修的法定义务，致使受害人轻易进入铁路线路，在安全保障注意义务上有严重疏漏。其次，铁路运输中列车是在固定的轨道上运行，且有速度高、制动距离长、遇有险情无法躲避的特点，客观上就必然要求行人负有重要的安全注意义务。本案受害人何某安全通行意识淡薄，擅自进入铁路线路行走，实施了侵入铁路线路的行为，最终导致与运行中的列车相撞，经抢救无效身亡的严重后果。

编写人员：太原铁路运输中级法院　王　超

9 限制民事行为能力人人身损害的民事责任承担

【案情简介】

受害人王某，男，13 岁，系山西省某县某中学学生。王某于某日 19 时 34 分，步行通过忻河支线定襄至河边区间 22 公里 609 米处铁路线路时，被自南向北驶来的列车撞击。事故发生后，120 救护车到达现场，将王某送至县人民医院抢救，后又转到市人民医院急救，当日 23 时 40 分停止抢救。经市人民医院出具的居民死亡证明书显示，王某的直接死亡原因为呼吸心跳停止。另查明，事发处线路为开放式直线线路，线路呈南北走向，线路两侧未安装护网，事发线路往北 20 米为南西力道口，该道口虽属无人看守道口，但系专人实施监护，由某铁路局工务段管理。该路段附近居民较多，道口日常通行的车辆和行人也较多。再查明，事故列车为某铁路局所属旅客列车，列车司机发现受害人从南西力道口护网尽头的电线杆旁边窜出，立即采取非常停车措施，在这期间受害人站在道心中间并面对机车，随后机车与该男子发生相撞。事发后，王某父母二人提起诉讼，请求判令某铁路局承担各项经济损失。

【判决结果】

法院经审理认为，根据《最高人民法院关于审理铁路运输人身损害赔偿纠纷案件适用法律若干问题的解释》第四条、第五条的规定，本案系列车运输过程中碰撞行人造成的人身伤亡，被告未提供证据证明存在不可抗力或受害人有卧轨、碰撞等故意，故被告应依法承担铁路运输人身损害赔偿责任。根据相关法律规定，被告未按上述规定在事发线路南西力道口附近设置必要的警示标志和防护措施，道口工未提早阻止受害人接近线路。这是造成事故的主要原因，应承担主要赔偿责任。受害人事发时13周岁，属于限制民事行为能力人，对铁路运输危险性应具有一定的安全防范意识，但其忽视自身安全低头抢越线路，未尽到应有的注意义务。原告作为受害人的法定监护人监护教育不够，有失监护之责。故受害人与二原告应对事故造成的损害承担次要责任。根据《最高人民法院关于审理铁路运输人身损害赔偿纠纷案件适用法律若干问题的解释》第六条、第七条的规定，被告承担60%的赔偿责任，二原告承担40%的责任。

【法理分析】

铁路运输企业在本案中为何承担主要责任？

本案系铁路运输人身损害赔偿责任纠纷。争议的焦点是被告是否充分履行了安全防护、警示等义务，责任比例应如何承担。铁路运输企业属于高度危险作业，因铁路运输造成人身损害的，铁路运输企业应承担责任，但受害人对损害的发生有过错的，可以减轻铁路运输企业的赔偿责任。只有损害是因不可抗力或受害人故意造成的，以及法律规定铁路运输企业不承担赔偿责任的其他情形造成的，铁路运输企业才不承担责任，在本案中不存在此免责情形。《最高人民法院关于审理铁路运输人身损害赔偿纠纷案件适用法律若干问题的解释》第七条第二款规定："铁路运输造成限制民事行为能力人人身损害的，铁路运输企业应当承担赔偿责任；监护人或者受害人自身有过错的，按照过错程度减轻铁路运输企业的赔偿责任。"

具体到本案，铁路运输企业在事发线路往北设置有南西力道口，并设置有 20 米护网、护桩和警示标识，尽到了一定的警示防护义务。但事发的铁路线路靠近居民密集区，作为从事高危作业的企业，应当十分注意避免铁路作业对周围环境中人们的生命、健康和财产造成损害，尽到足够的安全保障注意义务。本案中在 20 米的护网外有人为踩踏形成的小土路通往铁路线，受害人正是在护网尽头穿越铁路造成了事故的发生。铁路运输企业对此隐患没有予以预防消除，未采取充分、有效的安全防护、警示等措施，事发铁路线路靠近居民密集区，更应十分注意避免铁路作业对周围环境中人们的生命、健康和财产造成损害。附近的居民可随意进入线路，造成安全隐患，这是事故发生的主要原因，因此铁路运输企业在本案中需承担主要责任。本案被害人王某作为限制民事行为能力人，明知事故发生地设有南西力道口，但其选择穿越铁路线路，对自身人身安全未尽到谨慎注意义务，本案受害人的监护人亦未尽到监护之责，是事故发生的次要原因。

【典型意义】

第一，铁路列车作为高速轨道运输工具，属于高度危险作业，与行为的高度危险性相伴随的是受害人特别保护的必要性。高度危险责任方式加重了行为人的责任，以实现对受害人的救济。《铁路法》等法律法规规定了铁路运输企业负有在铁路沿线做好安全防护、警示等义务。高度危险责任的高度危险性、行为的无过错性及损害的严重性决定了既需要对受害人给予救济，又需要限制、分散加害人的责任。

第二，在司法实践中，受害人为无民事行为能力或者限制民事行为能力的情况屡见不鲜。特别是在受害人为未成年人的情况下，即使铁路运输企业设置了完备的警示标志和禁行信号，但对不谙世事、认识和避免危险、控制自身行为不强的儿童来说，也起不到应有的防范作用，可以说是防不胜防。而这类事故对儿童的损害后果还非常严重，非死即伤，给其家庭乃至整个社会都会造成无以弥合的创伤。

第三，要增强自我保护意识，不要随意在铁路线路上穿越、行走和坐卧。铁路运输安全是铁路企业的生命线，要树立"以人为本"的安全理念，增强防范意识。铁路运输企业在假期临近时，可以和学校一起适时对铁路沿线周边居住的学生开展"珍爱生命，爱路护路"的安全宣传教育。宣传《铁路法》《铁路安全管理条例》及事故案例等铁路知识，切实增强铁路沿线学生的自我安全保护和爱路护路意识。同时，还可为群众提供必要的跨越或穿过铁路线路桥梁、涵洞的方式，充分履行安全防护、警示义务，以进一步筑牢安全防线，确保路外安全持续稳定。

编写人员：太原铁路运输中级法院　闫　莉

10 擅自进入铁路线路作业区域导致死亡的责任划分

【案情简介】

2020 年 8 月 1 日，张某侵入侯月上行线，26602 次货物列车司机在 K99+240 处发现前方有人在机车运行方向左侧的石渣上面向机车步行，随即鸣笛并采取紧急停车措施，张某先避向铁轨外侧但在避向外侧的过程中折返道心横穿铁路，继而在约 K99+425 弯道处发生碰撞。事发后，张某被送医救治，经抢救无效死亡。

【判决结果】

法院经审理认为，首先，依据《铁路安全管理条例》第二十八条"设计开行时速 120 公里以上列车的铁路应当实行全封闭管理"的规定，事故发生地铁路线为普速铁路段，设计运行时速为 80 千米 / 时，按照规定事故发生地铁路线无须设置防护栅栏。铁路运输企业在事故发生地铁路线设有护网且封闭良好，悬挂有警示标志，进入铁路线路的防护门处悬挂有"铁路人员专门通道"标识，同时事故发生地附近铁路桥梁下设有通道供行人和车辆通行，未对周边行人的通行造成阻碍。铁路运输企业虽然履行了上述的安全防护警示义务，但张某作为一名年近八旬的老人，在无法翻越、毁损铁路护栏的情形下侵入铁路限界导致事故发生，铁路运输企业作为管理者存在管理疏漏。其次，张某作为完全民事行为能力人，缺乏铁路交通安全意识，擅自侵入铁路线路，在 26602 次货物列车接近时，其完全可以迈开一步离开铁路避让行进中的列车，但其置自身安全于不顾抢越线路导致事故发生存在明显过错。综上所述，铁路运输企业应就涉案事故全部损失承担30%的责任，张某对本次事故负70%的责任。

【法理分析】

1. 铁路运输人身损害责任纠纷归责原则和构成要件

《民法典》第一千二百四十条规定："从事高空、高压、地下挖掘活动或者使用高速轨道运输工具造成他人损害的，经营者应承担侵权责任；但是，能够证明损害是因受害人故意或者不可抗力造成的，不承担责任。被侵权人对损害的发生有重大过失的，可以减轻经营者的责任。"

具体到铁路运输人身损害责任纠纷领域，《最高人民法院关于审理铁路运输人身损害赔偿纠纷案件适用法律若干问题的解释》第四条规定："铁路运输造成人身损害的，铁路运输企业应当承担赔偿责任；法律另有规定的，依照其规定。"第五条规定："铁路运输中发生人身损害，铁路运输企业举证证明有下列情形之一的，不承担赔偿责任：（一）不可抗力造成的；（二）受害人故意以卧轨、碰撞等方式造成的。"第六条规定："因受害人翻越、穿越、损毁、移动铁路线路两侧防护围墙、栅栏或者其他防护设施穿越铁路线路，偷乘货车，攀附行进中的列车，在未设置人行通道的铁路桥梁、隧道内通行，攀爬高架铁路线路，以及其他未经许可进入铁路线路、车站、货场等铁路作业区域的过错行为，造成人身损害的，应当根据受害人的过错程度适当减轻铁路运输企业的赔偿责任，并按照以下情形分别处理：（一）铁路运输企业未充分履行安全防护、警示等义务，受害人有上述过错行为的，铁路运输企业应当在全部损失的百分之八十至百分之二十之间承担赔偿责任；（二）铁路运输企业已充分履行安全防护、警示等义务，受害人仍施以上述过错行为的，铁路运输企业应当在全部损失的百分之二十至百分之十之间承担赔偿责任。"第七条第一款规定："受害人横向穿越未封闭的铁路线路时存在过错，造成人身损害的，按照前条规定处理。"

据此，铁路运输人身损害责任纠纷属于高度危险作业侵权责任，适用无过错责任原则。其构成要件包括：（1）加害人实施了高度危险作业的行为；（2）发生了损害后果；（3）高度危险作业和损害后果间有因果关系。关于举证责任，被侵权人应当对受到损害的事实以及高度危险作业的事实承担举证责任。至于因果关系，则采取推定的方式，由侵权人就高度危险作业与损害后果的发生没有因果关系承担举证责任。

此外，上述条款对铁路运输人身损害责任纠纷免责和减责事由做了规定。即被侵权人对损害结果的发生存在故意或不可抗力的情形下可以免责；被侵权人对损害的发生有重大过失的情形下，可以减轻铁路运输企业的责任。

2. 擅自进入铁路线路作业区域导致死亡的责任划分

具体到本案，张某侵入安装铁路护网的路段进入铁路线路，在越线过程中与列车发生碰撞，导致其死亡。铁路运输企业实施了高度危险作业，发生了张某死亡的损害后果，且张某死亡与铁路运输企业高度危险作业间存在因果关系。

铁路运输企业辩称事发地路段设计开行时速（允许速度）为80千米/时，由于没有达到《铁路安全管理条例》第二十八条"设计开行时速120公里以上列车的铁路应当实行全封闭管理"的规定，铁路运输企业为了确保附近居民安全和铁路运输安全，在事发地路段安装了防护栅栏，实行全封闭管理，并在防护栅栏上悬挂"铁路人员专门通道""快速铁路禁止攀登"等醒目防护警示牌，铁路运输企业已完全尽到安全防护和警示义务。事发地东西侧铁路桥墩下均设置了多条人行通道，其中最近东侧道路距事故发生地仅有200多米。根据列车行进视频显示，张某擅自进入铁路线路封闭区域、面向列车方向在铁路线路行走、横越铁路线路，在26602次货物列车接近时，其明明在一秒内即可向南迈一步离开铁路线路，却置自身安全于不顾，往道心内走，横越上行线路，导致侵入铁路限界被列车碰撞，其主观故意明显应承担全部责任。所以，铁路运输企业不应承担责任。

在本案中，事发地路段设有护网且封闭良好，悬挂有警示标志，进入铁路线路的防护门处悬挂有"铁路人员专门通道"标识，同时事故发生地附近铁路桥梁下设有通道供行人和车辆通行，未对周边行人的通行造成阻碍。但张某作为一名年近八旬的老人，在无法翻越、毁损铁路护栏的情形下侵入铁路限界导致事故发生，铁路运输企业作为管理者存在管理疏漏。张某作为完全民事行为能力人，应当对铁路行车线路的危险性具有明确的认知，但其忽视自身安全，擅自进入铁路线路作业区域，在越线过程中与列车发生碰撞，导致其死亡，其置自身安全于不顾抢越线路导致事故发生存在明显过错。综合评判，铁路运输企业承担全部损失30%的责任，张某承担全部损失70%的责任。

【典型意义】

铁路运输作业作为高度危险作业致人损害的侵权责任适用无过

错责任原则，即不以侵权人是否有过错作为承担责任的要件。无过错责任原则是高度危险作业致害责任法律适用的基本性质，这种根本特性有利于消除或减少社会危险因素，提高高度危险作业人的责任心，保障社会安全，保护受害人的合法权益，有利于及时、妥善地救济损害。适用这一责任，主要不是根据作业人的过错，而是根据损害的客观存在和作业人的活动及所从事的业务的危险性质与所造成的损害结果的因果关系，从而加重作业人的责任，使受害人得到赔偿。作为铁路运输企业，应规范经营，充分履行安全防护、警示义务，保障铁路沿线居民的通行安全。

编写人员：临汾铁路运输法院　刘昱泽

二 触电人身损害赔偿责任纠纷案件

1 触碰铁路安全接触网致死，各方责任认定

【案情简介】

范某受雇于某车队从事煤炭运输。2013 年 4 月 7 日，范某驾驶运煤货车在某燃料公司煤站磅房北边 40 米外煤场的入口处停车，揭取车厢顶部覆盖的篷布时，被货车上方归某供电段下属某供电车间所有的离地面 4.8 米高的 10 千伏高压线电击身亡。范某生于 1983 年 10 月 25 日。五原告（范某直系亲属）虽为农村居民，但一直在城镇居住。

另查明，某供电段于 2013 年 1 月 23 日对某车站包括某燃料公司在内的 12 家企业下达《设备安全隐患整改通知书》，告知神朔信号 10 千伏贯通线 62 号—63 号、67 号—68 号处存在严重安全隐患，并提供了解决方案，但在 2013 年 4 月 1 日仍然发生运煤车辆挂断高压线的停电事故。某燃料公司在收到《设备安全隐患整改通知书》后明知线路安全存在隐患，但未积极采取有效措施整改排除事故隐患。

【判决结果】

一审法院认为，因高压电造成的人身损害若是由多个原因造成的，应按照侵权人的侵权行为与损害结果之间的原因力确定各自的责任。因死者范某触电身亡给原告造成的经济损失为：医疗费

91.9 元、死亡赔偿金 408 234 元（2012 年山西省城镇居民人均年可支配收入 20 411.7 元 ×20 年）、丧葬费 22 118 元（2012 年山西省在岗职工年平均工资 44 236 元 ÷12 个月 ×6 个月）、精神损害抚慰金 5 万元、被扶养人生活费 244 230 元（2012 年山西省城镇居民人均消费性支出 12 211.5 元 ×20 年）、交通费 1 400 元、住宿费酌情赔偿 6 000 元、伙食费酌情赔偿 6 000 元，以上合计 738 073.9 元。因此，依照《最高人民法院关于审理触电人身损害赔偿案件若干问题的解释》第二条等法律规定判决：一、某供电段在本判决生效后十五日内赔偿五原告各项损失 221 422.17 元。二、某燃料公司在本判决生效后十五日内赔偿五原告各项损失 221 422.17 元。

一审宣判后，某供电段与某燃料公司均不服提起上诉。二审法院认为：关于某供电段、某燃料公司应否承担责任的问题，一审根据事故发生原因力的大小，酌情判决某供电段、某燃料公司、被害人范某分别承担责任，符合法律规定。虽然部分理由欠妥，但结果准确，依法予以维持。综上，二审判决：驳回上诉，维持原判。

【法理分析】

1. 受害人责任认定

本案中，死者范某作为具有完全民事行为能力的成年人，在明知货车上方有高压线的情况下，还上车厢进行操作导致触电身亡，其过错行为是引发事故的主要原因，应承担相应的民事责任。

2. 产权单位、管理单位的责任认定

某供电段在明知信号 10 千伏贯通线 62 号—63 号、67 号—68 号处存在严重安全隐患的情况下，未对隐患线路作出有效的监督，也未对整改工作进行落实，使安全隐患一直未得到处理，故某供电段

应承担一定的过错责任。某供电车间是第一被告某供电段的下属单位，应由某供电段承担赔偿责任。高压线架设后因地面环境变迁，线路距地面的距离已不符合高压线路技术安全规范要求，已存在安全隐患。对此某供电车间早已知悉，该安全隐患完全可以通过技术改造排除，可见发生范某被电击也不存在不可抗力因素。依照《侵权责任法》第七十三条的规定，只要被害人范某被电击死亡不是故意或存在不可抗力的情形，则高压线路的经营管理者就应当承担相应责任，故某供电段提出自己没有过错和高压线在初始架设时符合技术规范应当免责的上诉理由，无法律依据，不予支持。

某燃料公司在收到《设备安全隐患整改通知书》后明知线路安全存在隐患，但未积极采取有效措施整改排除事故隐患，其不作为行为亦是事故发生的原因。因此，某燃料公司也应承担一定的过错责任。本案被害人范某被电击的地点位于某燃料公司磅房北40米煤场入口处，某公安分局现场勘查记载、勘查图可以证实，该处在某燃料公司营业场所范围之内。《最高人民法院关于审理人身损害赔偿案件适用法律若干问题的解释》第六条第一款规定："从事住宿、餐饮、娱乐等经营活动或者其他社会活动的自然人、法人、其他组织，未尽合理限度范围内的安全保障义务致使他人遭受人身损害，赔偿权利人请求其承担相应赔偿责任的，人民法院应予支持。"某燃料公司是从事经营性活动的法人，有义务在合理限度内为在其经营场所内的人员提供安全保障。某公安分局治安大队询问某燃料公司工作人员汤某笔录可以证实某燃料公司对其经营场所上方通过的高压线对运煤卸煤有安全隐患是明知的。作为工作场所的管理人，某燃料公司不仅可以通过技术措施消除安全隐患，而且也有权、有条件通过规范运煤司机的不当操作，避免事故的发生，故某燃料公司对在其工作场所内的人员没有尽到安全保障义务，依法应当承担相应的民事责任。某燃料公司提出的从未收到安全整改通知、路面抬高没有过错的意见不予支持，因为某供电段不是上诉人某燃料公司的安全主管机关，某供电段发出的安全整改通知不具有相应的法律效力。不论某燃料公司是否收到整改通知，都不影响其因违反安全保障义务而承担相应民事责任的后果。事故发生地点的路面抬高确是发生事故的原因之一，但不论是何种原因造成路面抬高的状况，亦不影响某燃料公司经营管理人违反安全保障义务而承担相应的民事责任。

【典型意义】

从事高空、高压、地下挖掘活动或者使用高速轨道运输工具造成他人损害的，产权人、管理人应当承担侵权责任，但能够证明损害是因受害人故意或者不可抗力造成的，不承担责任。因为高危作业导致人身损害案件以无过错责任为归责原则，所以与之相对应实行限额赔偿制度也是世界通行的做法。列车作为高速轨道运输工具，只能在固定的铁路线路上行驶，同样，防护网上的高压电线和铁路线路是平行对应的。一般情形下，只要远离铁路行车作业场区，人身损害是可以避免的。本案中受害人在铁路场区装卸货物过程中揭篷布，由于货车车厢较高，篷布和高压电线发生接触，致使受害人遭电击身亡，是一起让人很心痛的事故。受害人作为具有完全民事行为能力的成年人，在明知货车上方有高压线的情况下，疏忽大意上车厢进行操作导致触电身亡，其过错行为是引发事故的主要原因，应承担相应的民事责任。管理单位和产权单位也应承担相应的赔偿责任。

通过这起案件的处理，笔者感到：司法的法律效果重要的体现是适用法律的统一性，突出强调"类似情况类似处理，同样情况同样对待"。人民法院在司法过程中,应当以保护社会公共秩序为主导,注重裁判的合法性和司法权的统一性,以维护司法权威,这样更有利于实现法律的公正与正义,建立良好的社会秩序,促进社会和谐。

在铁路人身损害赔偿案件中,受害人个体的利益相对于法的价值而言,其语境不是强势和弱势的对比,而是价值取向的选择。法的功能既在于维护秩序,也在于建立秩序。我们在当代司法过程中应当弘扬法之刚性,维护双方当事人的利益。法院在司法实践中对此类案件应当在法律框架内去追求社会效果,而不能用牺牲司法权威的判决来对不同语境中的所谓弱势群体进行矫枉过正的保护,由此获取的"社会效果"实际上是滥用自由裁量权的"法律效果"。

确立铁路人身损害赔偿纠纷案件的专属管辖是实现司法统一的保障。《最高人民法院关于适用〈中华人民共和国民事诉讼法〉若干问题的意见》中已经明确了此类案件的专属管辖,所以在实践中应当严格遵照执行。尊重特别法中具体法律规范的优先地位是审理这类案件的前提。法官面对一个具体的案件,通常情况下首先应该探寻相关的具体规范,有明确条文规定的,应当直接作为裁判的依据。当法律规则的适用与个体利益发生冲突或矛盾时,首先应坚持法律的规定,当两者不发生矛盾时,可以通过将民事习惯、伦理道德、法律原则融入司法过程来提升司法的社会效果。

建议铁路企业在今后的工作中加强监督,紧抓落实。案例中在事发前已经发现出现了安全隐患,同时也下发了整改意见书,但是对于整改后的监督存在缺失,多种原因导致电击致人死亡的事故发生。铁路企业在紧抓安全生产不放松的同时,应对安全隐患零容忍,避免此类事故的发生。

编写人员:太原铁路运输中级法院　荣育宏

2 高危作业未设置警示标志需承担无过错责任

【案情简介】

2015 年 8 月 27 日，郝某在某村附近河边钓鱼时，手持鱼竿在移动中不慎误触高压线，当场死亡。经某公安分局现场勘验、访问及尸表检验，综合分析认为，郝某系钓鱼竿误触高压线遭电击死亡。

【判决结果】

法院审理认为，某单位在高压带电作业中，虽然架设的高压线的高度符合国家标准，但某单位应当预见高压电潜在的危险隐患，应在事发地点周围设置"高压电"警示标志，尽可能避免损害结果的发生。死者郝某因钓鱼竿误触高压线遭电击死亡，郝某对死亡结果有重大过失，但与其确实不清楚事故地点设有高压电线，存在重大人身安全隐患有着密切关系。故高压电线管理单位应当承担一定责任，最终判决某单位按照 20% 的比例赔付郝某家属。

【法理分析】

本案中，某单位进行高电高压高度危险作业，发生损害后果，对其是否适用"无过错责任"规定？

我国法律明确规定，从事高空、高压、易燃、易爆、剧毒、放射性、高速轨道运输工具等对周围环境有高度危险的作业造成他人损害的，应当承担民事责任；如果能够证明损害是由受害人故意造成的，不承担民事责任。受害人对于损害的发生也有过错的，可以减轻侵害人的民事责任。本案中郝某作为完全民事行为能力人，在钓鱼时未仔细查看周边环境，而是在高压线下进行活动，其对自身安全未尽到应有的注意义务，故其自身的重大过失是酿成本次事故最主要的原因。另一方面，某单位在事故地点架设高压电线应当预见潜在的危险隐患，虽然某单位架设高压线的高度符合国家标准，但高压高电设备设施确实增加了周边环境的危险性，某单位未能切实避免损害结果的发生，依法应当承担事故的次要责任。综合考虑案件事故的原因、过错程度等因素，因郝某对损害结果的发生有重大过失，可以减轻某单位的责任，判决酌情认定某单位按照20%的比例赔偿死者家属。

案例中某单位辩称，事发地点处于河道边，不属于人口密集区或通行频繁区，当地的高压线距离地面8~9米，符合国家设计规范要求，故不需要在此地设立"警示标志"；事发地多处地方设置了"禁止游泳、钓鱼"的警示牌；且当前市场上所出售的鱼竿全部具有导电性，鱼竿上也有警示标语（危险，感电注意），死者郝某应该知道鱼竿有导电功能，因其未尽到注意义务而触电死亡，是郝某自己的过错导致的，无权索要赔偿。而本案中，郝某拿着鱼竿寻找合适钓鱼位置时触电死亡，郝某并不清楚其所在之处的电线为高压电，事发现场没有任何"高压电"警示标志。从现场图片也可以看出，在该处钓鱼的人数较多，某单位对此处的高压电线一直疏于管理，存在安全隐患。根据《民法通则》第一百二十三条等法律规定，高压电属于对周围环境有高度危险的因素，发生危害后果的按特殊的侵权民事责任认定，由某单位承担"无过错责任"。

【典型意义】

高压高电等高度危险作业，如果给他人造成损害，作业单位应承担"无过错责任"。因高空、高压、易燃、易爆、剧毒、放射性、高速轨道运输工具等作业对周围环境有高度危险，所以国家出台了相应的法律、法规、国家标准、部门规章等，要求从事以上高度危险作业的责任主体采取尽可能的措施，防范给他人造成的损害。如果因未实施应该采取的措施给他人造成了损害的结果，则需要承担责任。这是一种比较特殊的规定，即高危作业单位需要承担"无过错责任"。当然如果能够证明损害是由受害人故意造成的，则高危作业单位不承担民事责任。如果受害人对于损害的发生也有过错的，可以减轻侵害人即高危作业单位的民事责任。所以，高危作业单位必须极尽职责，在作业中实施一切应该采取的防范措施，否则就要承担"无过错责任"。

编写人员：太原铁路运输中级法院　王权凤

3 自行拆卸拉线触电身亡应承担相应责任

【案情简介】

受害人李某（男）生前与林某生育李某一。2014 年 10 月 6 日下午 3 时，李某雇佣司机驾驶收割机在承包地里收玉米。收割机割台不慎卡住承包地里一根高压线电线杆的拉线，司机将拉线从地锚段卸下，李某自行拽着拉线，拉线上端与高压电线接触导致李某触电身亡。涉案高压电线杆及拉线的实际管理者为某铁路股份有限公司的供电段。涉案电线杆为钢筋混凝土杆，处在玉米地中，地上部分杆高约 5.5 米，拉线 2 根，均未装设拉线绝缘子和具有明显警示作用的护套。杆身隐约可见"高压危险"的红色警示标志和"贯通2"的标识。林某、李某一诉至法院，请求某供电段赔偿死亡赔偿金、丧葬费，办理丧葬事宜人员误工费、抢救费及办理丧葬事宜实际支出费、精神损害抚慰金共计 46 万余元。

【判决结果】

一审法院认为，某供电段对侵权损害的发生存在过错，应承担相应的侵权赔偿责任。受害人李某的不当行为是造成侵权结果的直接原因，李某应当为其行为承担相应的法律责任。受害人对损害的发生也有过错的，可以减轻侵权人的责任。林某、李某一的各项损失由李某承担 60% 的责任，由某供电段承担 40% 的责任。对于精神损害抚慰金，法院依据某供电段的过错程度酌情确定。据此，判决如下：一、某供电段于本判决书生效后 7 日内给付林某、李某一死亡赔偿金、丧葬费，办理丧葬事宜人员误工费、抢救费及办理丧葬事宜实际支出费、精神损害抚慰金共计 215 212.33 万元。二、驳回林某、李某一的其他诉讼请求。

某供电段不服，提起上诉。二审法院认为，一审法院在考量李某自身过失基础上酌定的上诉人应承担的责任比例并无不当。上诉人主张一审判决未说明各项损失的金额，经核算，一审法院确定的各项损失的金额合法有据。综上，二审判决：驳回上诉，维持原判。

【法理分析】

1. 产权单位、管理单位的责任认定

侵权行为的责任构成要件，是指行为人承担侵权责任的法定条件。行为人实施某种致人损害的行为后，只有在符合责任构成要件的情况下，才承担民事责任。责任构成要件是由归责原则决定的。高压触电侵权诉讼适用无过错责任的归责原则，属于特殊侵权行为。如果没有电网运行和电力设备运行，也就不会发生触电事故，因此，高压电作业行为就是指电网运行和电力设备运行。高压触电事故属于特殊侵权行为，不需要满足一般侵权责任构成要件中行为"违法性"的要求。只要实施高压电作业行为，就可满足该要件，这也是无过错责任的特点。高压触电侵权诉讼的举证责任分配，一般情况下是指当作为裁判基础的主要事实在诉讼中处于真伪不明状态时，一方当事人因此承担的诉讼上的不利后果。通常认为，举证责任包含行为意义上的举证责任和结果意义上的举证责任，前者是指当事人对自己提出的主张有提供证据的责任，后者则指当待证事实

真伪不明时，由依法负有举证责任的当事人承担不利后果的责任。

原铁道部于 2007 年 3 月 3 日实施的《铁路电力设计规范》第 7.5.11 条规定："钢筋混凝土杆设置的拉线穿越导线时，应装设拉线绝缘子。"地处居民区的拉线应设置具有明显警示作用的护套。涉案高压电杆杆身虽喷涂"高压危险"字样，但字迹不易辨清。同时，未装设拉线绝缘子或其他拉线绝缘材料，且在农村居民耕种区高压线杆的拉线未设置具有明显警示作用的护套。某供电段在管理上存在疏忽，未达到国家法律法规规定的安全标准，故对侵权损害的发生存在过错，应承担相应的侵权赔偿责任。

2. 受害人责任认定

《中华人民共和国电力法》第五十二条第一款规定："任何单位和个人不得危害发电设施、变电设施和电力线路设施及其有关辅助设施。"事发时，李某作为完全民事行为能力人，应当知道任何危害电力线路设施及其辅助设施的行为可能给国家或集体造成损失，并可能发生危险。李某在事发时有时间和能力通知相关电力部门采取恰当措施解决问题，却选择自行拆卸拉线，其不当行为是造成侵权结果的直接原因，应当为其行为承担相应法律责任。

【典型意义】

依据《民法通则》《侵权责任法》的规定，从事高空、高压、地下挖掘活动或者使用高速轨道运输工具等高度危险作业的民事责任适用无过错责任原则。仅在有证据证明损害是因受害人故意或者不可抗力造成的情形下，产权人、管理人可以不承担责任。被侵权人对损害的发生有过失的，可以减轻侵权人的责任。受害人应当就其受到损害的事实与加害人所从事的高压电作业之间的因果关系承担举证责任。高压电作业与损害后果之间的因果关系是构成高压电侵权责任的必要条件。高压电侵权与损害后果之间的因果关系，一般可通过住院病历、医师诊断记录、治疗药物等证据获得证明。

在高压触电侵权诉讼中，侵权人对独立的抗辩事由负举证责任。根据《最高人民法院关于民事诉讼证据的若干规定》《最高人民法院关于审理触电人身损害赔偿案件若干问题的解释》的相关规定，侵权人如果能够证明触电事故是由于"受害人故意（含受害人以触电方式自杀、自伤；受害人盗窃电能，盗窃、破坏电力设施或者因其他犯罪行为而引起触电事故；受害人在电力设施保护区从事法律、行政法规所禁止的行为）""不可抗力""第三人过错""监护人监护不周"等事实造成的，可免除或者减轻加害人的侵权责任。当然，当事人还可就对方当事人负举证责任的事实提出反证，以削弱对方证据的证明力。如果反证能够使对方负举证责任的主要事实处于真伪不明或者"为假"的状态时，同样可以起到免除或者减轻侵权责任的效果。在高压触电侵权诉讼中，如果高压电力设施、设备产权人能够证明受害人的人身损害根本不是电击伤造成的，则可从根本上免除法律责任。又如，如果"加害人"能够证明肇事电力设施、设备产权根本不属于本人所有，也可以据此免除责任。

本案认定被侵权人李某的不当行为是造成侵权结果的直接原因并承担 60% 的责任；某供电段在管理上存在疏忽，未达到国家法律法规规定的安全标准并承担 40% 的责任，责任比例划分适当，在这一类案件中具有参照价值。

编写人员：临汾铁路运输法院　申雅栋

三 人身赔偿责任纠纷案件

监护人履职不力应承担主要责任

【案情简介】

董某宝，男，成年，系某村村民，患有偏执型精神病。2014年7月2日因精神病复发，由其父与其兄陪同前往邻县就医未果。董某宝与其父欲返回家，购买了两张当日下午的车票。经安检进入车站，在二站台候车过程中，董某宝从站台跳入轨道，被进入车站运行的1095次列车撞轧，经抢救无效死亡。事后其家人与某车务段及某车站协商处理未果，起诉至法院。请求判令某铁路公司赔偿丧葬费、死亡赔偿金、被扶养人生活费、精神损害抚慰金等各项经济损失45万余元。

【判决结果】

法院经审理认为，董某宝在候车过程中从站台跳入轨道，被运行进站的1095次列车撞轧致死，系铁路运输造成的人身损害。法律规定铁路运输企业造成受害人人身损害的应当承担无过错责任。依据《最高人民法院关于审理铁路运输人身损害赔偿纠纷案件适用法律若干问题的解释》第八条第二款的规定："铁路运输造成限制民事行为能力人人身损害的，铁路运输企业应当承担赔偿责任；监护人及受害人自身有过错的，按照过错程度减轻铁路运输企业的赔偿责任，但铁路运输企业承担的赔偿责任应当不低于全部损失的百分之四十。"本案中，董某宝患有偏执型精神分裂症，属限制民事行为能力人。其父作为监护人，在与董某宝同行候车时由于未尽到监护人的注意义务，存在过错，故应减轻铁路运输企业的赔偿责任，依法应由某铁路公司承担董某宝死亡 40% 的赔偿责任。

【法理分析】

　　本案是因精神病患者在火车站台候车过程中跳入轨道而被列车撞轧致死引发的铁路运输交通事故。在这起事故里，受害人自行跳入轨道及其监护人的监护失职是事故发生的重要原因。《最高人民法院关于审理铁路运输人身损害赔偿纠纷案件适用法律若干问题的解释》第八条第二款首先规定了铁路运输造成限制民事行为能力人人身损害的，铁路运输企业应当承担赔偿责任，同时也规定了监护人及受害人有过错的，应按照其过错程度适当减轻铁路运输企业的赔偿责任。但无论何种情形，铁路运输企业承担的赔偿责任都应当不低于全部损失的 40%。也就是说，即使铁路运输企业已充分履行了安全防护、警示等义务，也要承担不低于 40% 的赔偿责任。本案中，董某宝患有偏执型精神分裂症，属于限制民事行为能力人，对铁路运输的危险性有一定的认知能力和控制力，如果注意可以避免事故的发生。但其在站台候车时，置自身的安全于不顾，跳入铁路轨道，其过错是十分明显的。其父作为同行的监护人理应看护好精神病复发的儿子，特别是处在相对开放的站台上候车时，其父更应认识到火车进站时存在的危险。但其父未完全履行监护职责，对事故的发生存在过错，应承担主要责任。虽然铁路工作人员尽到了安全注意义务，但从保护限制民事行为能力人权益的角度出发，铁路运输企业仍需按照无过错责任原则承担相应的赔偿责任。最终，法院依据相关法律规定，判决某铁路公司承担 40% 的责任。

【典型意义】

铁路运输作为一种高危作业，具有高速、避让性差及制动距离长等特点，因此事故的发生往往就在一瞬间。事故发生的原因或是铁路运输企业的疏于管理，或是被害人的疏忽大意、过于自信，或是二者兼而有之。铁路运输企业在经营活动中应更加注重保护旅客的合法权益，切实加强安全意识，有针对性地改善候车条件，保障每一名旅客安全出行。而限制民事行为能力人的认知和控制能力本身就低，铁路运输企业即使设置了完备的警示标志、信号，也可能对此类人员特别是未成年人不起任何作用，可以说是防不胜防。并且，在这类案件中通常也的确存在监护人未尽监护责任的问题。所以，此类人员受到损害常与监护人的监护失职紧密相连。稍有不慎，悔恨终生。特别是铁路运输交通事故往往会造成受害人非死即伤的严重后果，对于防范危险能力弱的精神病患者，损害的发生就更具有可能性。本案惨痛的教训再次警醒外出就医的精神病患者及其他限制民事行为能力人的监护人，在加强日常行为管理的基础上，乘坐火车外出时更要多一点保护意识，因为危险就在身边。

编写人员：太原铁路运输中级法院　华　山

四 机动车交通事故与责任纠纷案件

1 雇员驾车发生交通事故造成损失应由雇主承担责任

【案情简介】

2013 年 10 月 16 日 3 时许，被告任某驾驶重型货车由东向西行驶至某县某中学限高处时，刮撞某单位铁路桥梁防护架，造成桥梁防护架受损、车辆损坏的交通事故。经某县公安交警大队认定，被告任某承担本起事故的全部责任。2013 年 11 月 27 日，某单位铁路桥梁防护架经某保险公估有限责任公司评估损失为 81 689 元，鉴定费 2 678 元。被告任某驾驶的重型货车系被告李某所有，该车在被告某财险支公司投保了机动车交通事故责任强制保险（以下简称交强险）和 500 000 元不计免赔商业三者险。因赔偿事宜协商未果，原告某铁路单位提起诉讼，要求被告赔偿桥梁防护架损失 81 689 元、鉴定费 2 678 元，合计 84 367 元。

【判决结果】

法院经审理认为，此次交通事故给原告某铁路单位造成财产损失，被告任某承担事故的全部责任。被告李某为机动车实际所有人，被告任某系被告李某雇佣的司机，雇员在从事雇佣活动中致人损害的，雇主应当承担赔偿责任。被告李某为该重型货车在某财险支公司投保了交强险和500 000元不计免赔商业三者险。对于原告的事故损失，首先应由被告某财险支公司在交强险责任限额范围内承担赔偿责任；超出交强险部分，由被告某财险支公司在商业三者险限额内予以赔偿；超出交强险和商业三者险部分，由被告李某赔偿。原告某铁路单位属于交强险财产损失赔偿限额项下的损失为81 689元，超过2 000元的赔偿限额，被告某财险支公司应赔偿2 000元；原告某铁路单位属于商业三者险范围的事故损失为82 367元（81 689-2 000 + 2 678元），未超过500 000元的赔偿限额，被告某财险支公司应赔偿82 367元。原告某铁路单位的事故损失未超过该机动车交强险和商业三者险的赔偿限额范围，被告李某不承担实际赔偿责任。

【法理分析】

雇员在工作期间发生交通事故，应当由谁来承担相应的责任？

《侵权责任法》第三十五条规定："个人之间形成劳务关系，提供劳务一方因劳务造成他人损害的，由接受劳务一方承担侵权责任。提供劳务一方因劳务自己受到损害的，根据双方各自的过错承担相应的责任。"本条中的"提供劳务一方与接受劳务一方"实际与"雇员与雇主"在某种层面上含义相同，本条中的"劳务"与"雇佣"含义也无本质差别。接受劳务一方应承担无过错责任，原因如下。一是致害行为发生在雇员从事职务活动中，其行为是为雇主服务，设备由雇主提供，工作时间、地点都为雇主所指定，一般受雇主指示或在雇主监督下进行，雇主对雇员的职务行为可以控制和防范。因此，雇主应对雇员的职务活动负有安全注意和劳务保护的职责义务。二是雇员被学者称为雇主手臂的延伸，雇员的行为是雇主权利的扩张。雇员的行为自然被看作是雇主自己的行为。基于报偿责任原理，雇员所从事的雇佣活动是为雇主的利益，因此，按照现代民法利益、风险、责任一致的原则，雇佣活动中所产生的风险应由雇主承担，而不是由雇员承担。三是雇主承担无过错赔偿责任有助于雇主谨慎选任雇员并敦促雇员依法行事，这对于整个社会的安定大有裨益。四是从经济角度来看，雇主在经济上往往强于雇员，有更佳的责任承担能力，可以使受害人的受偿机会大大增加，有利于受害人得到及时、充分的法律救济，符合社会公平正义。

【典型意义】

雇员在执行职务过程中发生交通事故，究竟由谁来承担最终的责任，对我们生活中的雇佣关系起着很大的指导作用。表面上看驾驶车辆的是雇员，其应当具有谨慎义务，在驾驶车辆的过程中集中注意力，避免工作疏忽产生不必要的后果。但是，我国法律规定雇佣活动中产生的侵权行为适用无过错责任原则，即不论雇主是否有过错，都应当承担由其雇佣的人员产生的侵权责任后果。这是一种特殊的侵权责任方式，既可以在受害人受到损害时及时救济，又可以对雇员这一弱势群体进行保护。作为受益者的雇主担责更体现了社会的公平正义。本案的处理，可以给雇主和雇员以提醒，认清自己的职责范围，雇主在选任雇员时要有更多的注意和谨慎义务，也更应该加强管理和监督，合理确定雇佣关系范围。

编写人员：山西转型综合改革示范区人民法院

太原铁路运输法院　杨永生

2 连环交通事故中的责任认定和赔偿责任划分

【案情简介】

2018 年 10 月 30 日 13 时 30 分，李某 1 驾驶电动三轮车由西向东行驶至某机务段东门路南时，与由东向西谈某驾驶的小型普通客车发生剐蹭，随后电动三轮车又与李某 2 驾驶的小型轿车发生碰撞，致李某 1 受伤，三车受损的交通事故。2018 年 11 月 16 日，某县公安局交通管理大队出具责任认定书。2018 年 12 月 20 日，经某市公安局交警支队复核，撤销原事故责任认定，作出认定：原告李某 1、被告谈某对事故的发生均有过错，均应负同等责任；因被告李某 2 无过错，不应承担责任。

法院另查明，谈某驾驶的小型普通客车为某车辆段所有，谈某系该车辆段员工。该小型普通客车在北城公司投保交强险，责任限额 122 000 元；投保商业三者险，责任限额 500 000 元，保险期间均自 2018 年 12 月 25 日至 2019 年 12 月 24 日。李某 2 驾驶的小型轿车所有人为陈某，该车辆在大同公司投保交强险，无责限额 12 100 元，保险期间自 2018 年 6 月 22 日至 2019 年 6 月 22 日；投保商业三者险，责任限额 1 000 000 元，保险期间自 2018 年 6 月 23 日至 2019 年 6 月 22 日；事故发生在保险期间。

【判决结果】

法院经审理认为，公民的身体健康权受法律保护。依法成立并生效的保险合同对当事人均有约束力，在合同约定的保险事故发生时，保险人应按照合同的约定进行赔付。本案中，被告车辆段车辆在被告北城公司投保交强险、商业三者险，在保险责任期限内，发生交通事故致原告受损262 442元，被告北城公司应在交强险责任限额内赔偿原告120 400元，被告大同公司应在交强险无责限额内赔偿原告12 100元，被告北城公司在商业三者险责任限额内赔偿原告129 942元的50%即64 971元。因车辆段已垫付80 000元，故北城公司应赔偿原告105 371元，给付车辆段80 000元。原告诉求数额未有不足，被告谈某、车辆段无须赔偿。被告李某2无过错，故其无须赔偿。关于鉴定费，原告在本次事故中受伤，为明确其伤情需要进行鉴定，属于必要合理的费用，根据《中华人民共和国保险法》（以下简称《保险法》）的规定，保险公司应予承担。关于诉讼费，应当依照《诉讼费交纳办法》第二十九条的规定，由败诉方负担。

【法理分析】

1. 交通事故因果关系和责任比例的认定

机动车交通事故是指机动车在运行中发生的交通事故，多数是因过错或者意外造成人身伤亡或者财产损失的事件，即由不特定人员违反道路交通安全法规造成的，极少数也可以是由于地震、台风、山洪、雷击等不可抗拒的自然灾害造成。在发生道路交通事故且造成人身伤亡或者财产损失时，需要明确责任，对于被害人的经济损失需要确定赔偿责任人。《道路交通事故处理程序规定》第六十条规定："公安机关交通管理部门应当根据当事人的行为对发生道路交通事故所起的作用以及过错的严重程度，确定当事人的责任。"交通事故责任的划分依据主要是：（1）当事人有无违章行为；（2）违章行为与事故之间有无因果关系；（3）违章行为在事故中的作用有多大。如果有违章行为，且行为与事故之间有因果关系，则应当根据当事人的违章行为在事故中的作用大小来估定事故责任。事故责任分为全部责任、主要责任、同等责任和次要责任。本案交通事故的发生，是由于李某1未取得机动车驾驶证且未遵守交通安全的有关规定，与谈某驾驶的车辆相撞造成交通事故。其中，谈某由于对相对方向来车未减速行驶，未与其他车辆保持必要的安全距离，同样存在过错。双方均有过错，造成了剐蹭事实。本案李某2驾驶的小型轿车无违章行为，第二次事故是前一个事故导致李某1驾驶的三轮车又与谈某驾驶的小型普通客车后方李某2驾驶的小型轿车发生碰撞，最终导致李某1受伤，三车受损的交通事故。第二个事故发生的原因是由于前一个事故导致，李某2正常行驶中因他人过错造成交通事故，其本人并无过错。公安机关对该连环交通事故基于上述事实，给予了明确认定：李某1、谈某对事故的发生均有过错，均应负同等责任；李某2无过错，不应承担责任。该认定意见与查明的事实相符，可作为区分责任的重要依据，依此确定相应的赔偿比例，即本次事故所造成的经济损失应当由李某1和谈某共同承担，分担比例均为50%。李某2不承担责任。

2. 驾驶人员因工作需要驾驶车辆发生事故，赔偿责任人的确定

《侵权责任法》第三十四条第一款规定："用人单位的工作人员因执行工作任务造成他人损害的，由用人单位承担侵权责任。"《最高人民法院关于审理人身损害赔偿案件适用法律若干问题的解释》第八条第一款规定："法人或者其他组织的法定代表人、负责人以及工作人员，在执行职务中致人损害的，依照民法通则第一百二十一条的规定，由该法人或者其他组织承担民事责任。上述人员实施与职务无关的行为致人损害的，应当由行为人承担赔偿责任。"本案谈某系某车辆段的职工，其驾驶车辆执行职务时发生交通事故，所产生的民事责任不应由谈某承担，而应当由谈某所在单位承担。

3. 人民法院可以根据当事人请求将保险公司列为共同被告，保险公司在责任限额范围内承担赔偿责任

《最高人民法院关于审理道路交通事故损害赔偿案件适用法律若干问题的解释》第二十一条第一款规定："多辆机动车发生交通事故造成第三人损害，损失超出各机动车交强险责任限额之和的，由各保险公司在各自责任限额范围内承担赔偿责任；损失未超出各机动车交强险责任限额之和，当事人请求由各保险公司按照其责任限额与责任限额之和的比例承担赔偿责任的，人民法院应予支持。"因此，对交通事故纠纷案件，如果当事人向法院起诉，将肇事方及肇事车辆投保的保险公司一并起诉，人民法院可以根据当事人请求对保险公司在各自责任限额范围内承担赔偿责任同案一并处理。具体到本案，李某1起诉了肇事方所投保的保险公司，该保险公司应当在其承保的范围承担赔偿责任。本案中被告车辆段车辆在被告北城公司投保交强险、商业三者险，在保险责任期限内，结合交通事故责任认定为被告谈某车辆承保的北城公司，在商业三者险责任限额内赔偿原告发生交通事故所受损失的50%。李某1承担另外50%的损失，由李某2承保的在保险责任期限内的大同公司按交强险无责限额赔偿李某1。其余损失被告北城公司应在交强险责任限额内予以赔偿。本案因原告诉求数额未有不足，被告谈某、车辆段无须赔偿。被告李某2无过错，故其无须赔偿。

【典型意义】

　　一直以来，机动车交通事故责任纠纷的受案数量在民事案件中占据着较高的比重，其中不乏连环交通事故。那么在连环交通事故案件中，如何进行责任划分呢？通常会将事实认定与公安机关出具的交通事故认定书一起作为责任认定和赔偿比例的重要审查内容。如果公安机关出具的交通事故责任认定与法院审理认定的交通事故发生的原因、各当事人的责任不相符，法院会进行事实方面的调查，在查明基本事实后，以法庭认定的事故产生的原因、双方各自过错程度及事故导致的直接经济损失来区分责任和赔偿比例。如何一并处理交强险与商业三者险呢？从我国交强险制度设置目的来看，交强险将对事故受害人进行及时有效的救治作为首要目标，其具有一定的社会保障功能和强制性。为了充分发挥交强险制度的功能和作用，保障受害人最大限度地获得赔偿，在适用交强险对被侵权人予以赔偿时，应首先以交强险限额予以足额赔偿。之后再根据责任比例适用三者险在投保的限额内进行赔偿。当然，如果保险公司在保额范围内赔偿后，还未足额挽回被害人的经济损失，则投保人对不足部分应当予以赔偿。本案的处理在连环机动车交通事故认定案件中具有参照价值。

　　道路千万条，安全第一条。机动车已经成为我们每一个家庭甚至每一个人不可或缺的工具，希望我们每一个人在驾驶过程中严格遵守道路交通安全法，谨慎驾驶、安全驾驶，这不仅是对他人负责，更是对自己负责。

编写人员：山西转型综合改革示范区人民法院

太原铁路运输法院　于丽娟

五 物件脱落、坠落损害责任纠纷案件

1 物件脱落、坠落致人损害需承担过错推定责任

【案情简介】

2016 年 3 月 1 日 7 时 34 分，刘某驾驶货车由北向南在通过某隧道附近乡村路时将一根外皮上有白色"某广电网络"标识的光缆线挂断，使该广电公司附挂的通信光缆及承力钢索从电杆固定抱箍处断落，掉落至某铁路隧道口接触网上方，造成该铁路接触网断线塌网事故，影响上下行动车组 20 列、停运 4 对，某铁路公司直接经济损失 339 067 元。某铁路公司起诉至法院。

【判决结果】

法院经审理认为，本案是一起典型的侵权纠纷。建筑物、构筑物或者其他设施及其搁置物、悬挂物发生脱落、坠落造成他人损害，所有人、管理人或者使用人不能证明自己没有过错的，应当承担侵权责任。所有人、管理人或者使用人赔偿后，有其他责任人的，有权向其他责任人追偿。本案中被告某广电公司架设光缆不规范，存在严重公共安全隐患，对事故的发生承担过错责任；第三人刘某驾驶的货车在通过某隧道附近乡村路时挂断被告光缆导致事故发生，驾驶员未尽到谨慎驾驶义务，亦存在一定过错。被告与第三人均实

施了侵权行为，原告的损害后果系两方共同合力导致的结果，故被告与第三人应共同承担连带赔偿责任。鉴于被告架设光缆不规范，存在严重公共安全隐患，对事故发生的影响因素更大，因此认定被告某广电公司承担 60% 的赔偿责任，第三人刘某承担 40% 的赔偿责任。原告某铁路公司请求赔偿其经济损失，应予支持。

【法理分析】

关于事故发生的责任应由谁承担的问题。本案中第三人驾驶的货车在通过某隧道附近乡村路时将被告光缆线挂断，被告所属光缆及承力钢索从电杆固定抱箍处断落，导致铁路接触网断线塌网事故发生。驾驶员未尽到谨慎驾驶义务，存在一定过错。而作为光缆的产权方，被告某广电公司在架设光缆时高度明显不足，光缆固定线卡距地面高度不足 4 米，不符合《通信线路工程设计规范》（YD 5102—2010）"架空光缆与线路方向交越时，最低缆线距地面高度为 5.5 米"的规定。被告架设光缆不规范，存在严重公共安全隐患，对事故的发生应承担过错责任，故原告的损害结果系被告和第三人共同合力导致的结果。因此，被告与第三人应共同承担连带赔偿责任。

关于原告损失如何认定的问题。本案事故发生后，因抢修作业具有特殊性与紧急性，原告只能先行抢修。事故发生后，原告下属部门立即组织抢修人员对线路进行抢修，第一时间保证铁路线路恢复通车。后原告委托具有资质的某设计院进行施工预算，预算书中委托依据是某供电段抢修及恢复过程中记录的"工程量清单"，预算编制依据明确，且工程单价、料价、水电单价、运输及装卸费单价等均有明确的依据。故原告提供的抢修施工预算书内容真实合法，原告可以此为依据主张经济损失。

【典型意义】

根据我国法律规定，建筑物、构筑物或者其他设施及其搁置物、悬挂物发生脱落、坠落造成他人损害，所有人、管理人或者使用人不能证明自己没有过错的，应当承担侵权责任。所有人、管理人或者使用人赔偿后，有其他责任人的，有权向其他责任人追偿。

作为建筑物、构筑物或者其他设施及其搁置物、悬挂物的所有人、管理人或者使用人，要严格按照相关规范进行架设光缆、铺设管道、悬挂物件等施工作业，要定期进行维修、管理，排除重大安全隐患尤其是严重公共安全隐患。同时，行人为了自身安全，也要谨慎驾驶。

编写人员：太原铁路运输中级法院　李渊冲

2 对构筑物及其附属设施未尽到安全保障义务致人损害的，应承担相应的侵权责任

【案情简介】

2013 年 5 月 28 日 22 时许，胡某驾驶电动车由东向西行驶，途经某铁路桥涵洞时，碰撞到一侧已经跌落在道路中央的桥梁限高防撞架，致使其受伤及电动车受损。胡某的伤情经医院诊断为：双侧下颌骨体骨折、下颌骨颏部裂伤清创缝合术后、牙体缺损、创伤性溃疡。事故发生后，胡某及其家属多次主动与掉落的铁路桥梁限高防撞架的某单位协商赔偿事宜，但均未达成协议，胡某因此提起诉讼。

【判决结果】

法院经审理认为，铁路桥梁属构筑物，限高防撞架系固定于桥梁两侧的附属设施。防撞架一侧坠落造成他人损害，符合《侵权责任法》第八十五条关于物件致人损害责任的规定，故本案纠纷为物件脱落、坠落损害责任纠纷。

胡某所受人身损害系碰撞一侧已经坠落的限高防撞架所致，与防撞架的坠落具有因果关系。某单位作为涧河铁道桥的管理人，有义务保证桥梁及其附属设施具备应有之安全性，其未能提供有效证据证明其对防撞架的一侧坠落没有过错，依法应当承担侵权责任。胡某作为成年人，夜间驾驶电动车行驶疏于视线观察，未尽到安全驾驶的注意义务，对事故的发生存在一定的过错，也应承担相应的

责任。根据本案事故发生的实际情况及造成损害的原因力程度，某单位对造成的损害承担60%的责任，胡某承担40%的责任。

根据《侵权责任法》第十六条"侵害他人造成人身损害的，应当赔偿医疗费、护理费、交通费等为治疗和康复支出的合理费用，以及因误工减少的收入。造成残疾的，还应当赔偿残疾生活辅助具费和残疾赔偿金。造成死亡的，还应当赔偿丧葬费和死亡赔偿金"的规定，对原告主张赔偿医疗费、护理费、误工费、住院伙食补助费、交通费、营养费、后续治疗费用、残疾赔偿金的诉讼请求，法院予以支持，但具体数额应符合法律及司法解释的相关规定。

【法理分析】

1. 建筑物、构筑物脱落、坠落损害责任主体及责任承担分析

建筑物一般是指具备、包含或提供人类居住功能的人工建造物。比如民用建筑、工业建筑、农业建筑和园林建筑等供人们进行生产、生活或其他活动的房屋或场所。构筑物一般指人们不直接在内进行生产和生活活动的场所。如水塔、烟囱、栈桥、堤坝、蓄水池等不具备、不包含或不提供人类居住功能的人工建造物。

（1）建筑物、构筑物脱落、坠落损害责任的责任主体。

《民法典》第一千二百五十三条规定："建筑物、构筑物或者其他设施及其搁置物、悬挂物发生脱落、坠落造成他人损害，所有人、管理人或者使用人不能证明自己没有过错的，应当承担侵权责任。所有人、管理人或者使用人赔偿后，有其他责任人的，有权向其他责任人追偿。"根据以上规定，建筑物、构筑物脱落、坠落损害责任的责任主体应当包括所有人、管理人或使用人以及其他责任人。

所有人、管理人、使用人作为建筑物、构筑物或者其他设施的

实际控制人，对该建筑物、构筑物进行直接控制、管理，对设施和物件负有法定或者约定上的管理、维护义务，最为清楚其上存在的隐患、瑕疵，可以以最低的成本避免损害的发生。如因其管理瑕疵致人损害，则受害人可以要求所有人、管理人或者使用人依法承担侵权责任。

其他责任人，是指除所有人、管理人或者使用人之外，对损害发生负有责任的人。实践中，有些损害的发生除了与所有人、管理人或者使用人的过错有关外，有时还与第三人或者受害人的过错有关。比如，聘请的承揽人安装空调不牢固，致使其坠落砸伤路人，此时，所有人、管理人或者使用人就有权对其进行追偿。

（2）建筑物、构筑物脱落、坠落损害责任的责任承担。

法律规定，对于该类型致人损害事件，所有人、管理人或者使用人不能证明自己没有过错的，应当承担侵权责任。这是过错推定责任。建筑物、构筑物或者其他设施及其搁置物、悬挂物脱落、坠落致人损害时，所有人、管理人或者使用人是第一责任人，如果其不能证明自己没有过错，则须承担侵权责任。

而过错，通常是指所有人、管理人或者使用人对物件在维护和管理方面存在不完全、不完备的状态，以致物件缺少应有的安全性。是否存在维护和管理瑕疵的认定一般采取客观标准，即从客观实际进行判断，只要不具备应有的安全性，不管其产生的具体原因如何，都认定存在维护和管理瑕疵。

司法实践中，所有人、管理人或者使用人不能简单以证明自己尽到注意义务或维修义务而要求免责，因为建筑物和物件脱落、坠落的事实本身即已表明缺陷是客观存在的，且未采取足够的安全防护措施。

在本案中，所涉及的铁路桥梁明显不具备人类生产生活相关功能，属于构筑物。胡某碰撞的限高防撞架属于其附属设施，且胡某所受的人身损害与防撞架的坠落具有明显的因果关系，其应当适用《侵权责任法》第八十五条，即《民法典》第一千二百五十三条关于不动产设施及其附属物脱落、坠落致人损害的规定。首先，根据规定，该铁路桥梁的管理单位应当是第一责任人，该单位以相关的防撞架的安装规定、巡检记录及照片证明其对于防撞架的管理和维护已经尽到了安全保障义务不能成为其免责的理由。因为胡某的损害已经证明其并没有采取足够的安全防护措施，存在一定过错，因此其应当承担相应的侵权责任。其次，胡某作为成年人，其对于夜间行驶也未尽到安全驾驶的注意义务，疏于视线观察，也应当承担一定的责任。二者所承担责任的大小应根据其过错及损害发生的原因力确定。

2. 相关赔偿费用的确定方式

《最高人民法院关于审理人身损害赔偿案件适用法律若干问题的解释》对于医疗费、误工费及其他各类费用的确定方式进行了明确规定。

医疗费应根据医疗机构出具的医药费、住院费等收款凭证，结合病历和诊断证明等相关证据确定。误工费应根据受害人的误工时间和收入状况确定。误工时间根据受害人接受治疗的医疗机构出具的证明确定。受害人因伤致残持续误工的，误工时间可以计算至定残日前一天。受害人不能举证证明有固定收入或其最近三年的平均收入状况的，可以参照受诉法院所在地相同或相近行业上一年度职工的平均工资计算。

护理费根据护理人员的收入状况和护理人数、护理期限确定。

护理人员有收入的，参照误工费的规定计算。交通费根据受害人及其必要的陪护人员因就医或者转院治疗实际发生的费用计算。交通费应当以正式票据为凭，有关凭据应当与就医地点、时间、人数、次数相符合。住院伙食补助费可以参照当地国家机关一般工作人员的出差伙食补助标准予以确定。

残疾赔偿金根据受害人丧失劳动能力程度或者伤残等级，按照受诉法院所在地上一年度城镇居民人均可支配收入或者农村居民人均纯收入标准，自定残之日起按 20 年起计算。营养费根据受害人伤残情况参照医疗机构的意见确定。

器官功能恢复训练所必要的康复费及其他后续治疗费用，赔偿权利人可以待实际发生后另行起诉。

在本案中，胡某提交的司法鉴定意见书对其伤残鉴定适用的是《劳动能力鉴定　职工工伤与职业病致残等级》，但其属于骑电动车碰撞铁路桥梁限高防撞架后导致摔倒受伤，属于道路交通事故，且其未提供相关证据证明构成工伤，因此应以《道路交通事故受伤人员伤残评定等级》作为依据进行伤残鉴定，而非《劳动能力鉴定　职工工伤与职业病致残等级》。

【典型意义】

一般情况下，在损害发生后，被侵权人要证明自己的损害是因建筑物、构筑物或者其他设施及其搁置物、悬挂物发生脱落、坠落造成的，所有人、管理人或者使用人对自己没有过错承担举证责任。这么规定既符合社会生活的实际情况，也有利于保护被侵权人的合法权益。因为，所有人、管理人或者使用人对于建筑物、构筑物或者其他设施及其搁置物、悬挂物具有实际控制权，一般情况下，这些设施或者物体的脱落、坠落与所有人、管理人或者使用人在管理、维护时存在过错有很大关系。另外，被侵权人通常并不了解建筑物、构筑物或者其他设施及其搁置物、悬挂物的管理、维护情况，因此，让被侵权人获得足够的证据来证明所有人、管理人或者使用人的过错，这对被侵权人来说不公平。

所有人、管理人或者使用人只有在证明其本身已尽到管理、维护义务，或者损害是因第三人原因、受害人原因或者不可抗力造成的情况下，才能够免责。即便损害是因第三人过错、受害人过错或者不可抗力等原因造成，如果所有人、管理人或者使用人自身也存在过错，则仍应当承担相应的责任，责任的大小根据其过错确定。在本案中，某单位不能证明其对防撞架的管理和维护尽到了安全保障义务，而且胡某在行驶过程中也未尽到注意义务，因此，双方按各自的过错程度承担责任。

安全无小事。为了避免损害的发生，作为所有人、管理人或者使用人，要对建筑物、构筑物或者其他设施及其搁置物、悬挂物切实尽到管理、维护义务；作为行人，要时刻谨记自身安全，在行使过程中注意观察路况。

编写人员：大同铁路运输法院　姚霞霞

六 义务帮工人受害责任纠纷案件

无偿帮助行为可认定为义务帮工

【案情简介】

袁某系某车务段退休职工，平时经常在该单位职工俱乐部活动。2018 年 7 月 24 日上午 11 时 20 分左右，袁某在帮俱乐部拧俱乐部院内篮球架上的螺丝过程中，从扶梯摔下，致头部受伤。袁某当即被送往所在市第二人民医院救治，经市第二人民医院和省人民医院抢救无效，于当日死亡。市第二人民医院出具的居民死亡医学证明（推断书）载明，死亡原因为颅脑损伤。袁某的妻子肖某、儿子袁某甲为此支付了抢救费用 206.43 元。事后，肖某、袁某甲向所在市人民法院提起诉讼。案件判决后，被告某车务段不服判决结果，上诉至该市中级人民法院。

【判决结果】

一审法院经审理认为，公民的身体健康权受法律保护。袁某向被告车务段提供无偿帮助，拧篮球架上的螺丝的行为，被告车务段亦没有明确阻止、拒绝，据此，双方之间形成了义务帮工关系。根据相关法律规定，帮工人因帮工活动遭受人身损害的，被帮工人应当承担赔偿责任。袁某在帮工过程中从扶梯摔下致头部受伤并死亡，被告车务段作为被帮工人应当承担赔偿责任。但是袁某作为完全民事行为能力人对自身的安全没有尽到注意义务，也应承担相应的责任。因此，袁某按责任比例承担30%，被告承担70%为宜。根据双方责任承担比例计算，被告车务段应赔偿肖某、袁某甲各项损失共计450 534元。

二审法院经审理认为，一审判决认定事实清楚，适用法律正确，应予维持。判决驳回上诉，维持原判。

【法理分析】

义务帮工和普通帮忙的区分

帮忙是指被帮忙人劳务繁忙，或在工作、生活中存在某种困难时，帮忙人被邀请或主动前往提供临时劳务，以减轻被帮忙人的劳务负担，或帮助其克服某种困难。帮工关系的成立是构成帮工风险责任的基础。为被帮工人提供劳务的活动应是帮工人遭受损害的必要条件，而且是一个决定性的要件。损害程度应当是达到相当的程度，必须对受害人的损失采取分担损失的方法予以补救。帮忙相比于帮工而言，更具有短期性和临时性。帮工需由用工方提供工作环境和工作条件是其重要特征，且帮工人需受被帮工人的指挥，如果不具备上述特征则不能认定为帮工关系。如果"被帮工人"对"帮工人"从事的"帮工"活动既不知情，也不认可，则不能认定为帮工关系。

具体到本案，袁某帮被告车务段对篮球架进行维修，需要付出相当多的劳务，与一般的帮忙行为相比，需要相应的工具和较长的时间，且袁某使用的工具和梯子是被告车务段的，上梯子时由俱乐部主任杨某扶着，即被告车务段为袁某义务帮工活动提供了工作环境和条件，双方之间形成了义务帮工关系。依据《最高人民法院关于审理人身损害赔偿案件适用法律若干问题的解释》第十四条第一款"帮工人因帮工活动遭受人身损害的，被帮工人应当承担赔偿责任。被帮工人明确拒绝帮工的，不承担赔偿责任；但可以在受益范围内予以适当补偿"的规定，被告某车务段对袁某的损害应当承担人身损害赔偿责任。

【典型意义】

乐于助人是中华民族的传统美德。在我国，义务帮工是普遍存在的一种社会关系，尤其是在农村这种熟人社会。在这一过程中不免会有发生意外的情形，究竟构成"义务帮工"还是"普通帮忙"，处理的结果大相径庭。对于义务帮工人的人身损害，法律予以保护，彰显了良法善治的价值追求。本案在充分查明案件事实的基础上，对义务帮工行为进行了准确界定，对于义务帮工人的合法权益予以法律保护，对于办理此类案件具有借鉴意义。

编写人员：中吕律师事务所　吴　强

七 产品责任纠纷案件

发现亏损后未采取积极措施应承担相应责任

【案情简介】

原告甲公司与被告乙公司于 2014 年 5 月 9 日签订了购买合同，合同约定甲公司向乙公司购买装载机电子秤 13 台，每台单价 3 800 元。合同签订后甲公司支付货款 30%（即人民币 148 200 元）作为预付款，待安装调试和首检验收允许使用后付货款 65%，余款 5% 在质保期满一年后 7 日内一次付清。乙公司会同丙公司于合同正式签订时将 13 台装载机电子秤安装完毕。2014 年 5 月 21 日、22 日，丁计量所对 13 台装载机电子秤进行了检定，并出具了检定证书。甲公司在实际使用过程中发现电子秤显示数量和实际数量不同程度超出丁计量所出具的允许单次测量的最大误差值范围单次 ±2.5%、累计 ±1.0% 的标准。甲公司于 2014 年 8 月要求乙公司派遣技术人员进行维修调试，乙公司会同丙公司反复进行调试、维修，但仍不能修复到合同约定的技术标准状态。2015 年 4 月 21 日、22 日、30 日，乙公司销售员马某与丙公司技术员李某等人对 13 台电子秤进行了检测，并对每台电子秤的校正做了记录，甲公司支出校正检验费 58 824 元。校正记录显示均有不同程度的误差，有的误差明显超出丁计量所出具的允许误差标准。甲公司发往各地的列车因装载质量严重误差、装载机电子秤严重失误，造成超载，累计卸煤1 000余吨，价值372 000元，过衡记录亏吨7 163.33吨，折计1 048 038.20元。甲公司遂诉至法院，请求：（1）与乙公司解除采购合同并退回销售的产品；（2）乙公司返还预付款148 200元并承担利息；（3）乙公司承担截止到2015年9月19日的违约金492 024元，承担赔偿责任即亏吨费用1 048 038.20元；（4）丙公司承担赔偿责任，即额外承担的运费372 000元和调试、校验费58 824元；（5）丁计量所为乙、丙公司存在的产品质量过错责任消除影响并承担连带赔偿责任。乙公司提起反诉，要求甲公司支付剩余货款345 800元以及支付逾期付款的违约金计算到2016年10月12日共计586 476.81元。

【判决结果】

法院经审理认为，本案是由买卖装载机电子秤引发的产品质量纠纷，乙公司和丙公司作为销售者和生产者，其交付的装载机电子秤确实存在质量瑕疵。（1）根据《合同法》第九十四条，因标的物质量不符合质量要求，致使不能实现合同目的的，买受人可以解除合同，故甲公司要求解除合同、退回产品、返还预付款的诉讼请求，应该予以支持。（2）经查明，甲公司发往某地的煤炭，累计亏损为501 965.67元。甲公司在发现亏损后未采取积极措施造成亏损继续发生，因此对造成的亏损损失不应该全部由作为生产者的丙承担，丙公司应承担50%亦即250 982.83元，由甲公司自行承担50%。对甲公司因检验校正装载机电子秤支出的58 824元费用的请求证据充分，予以支持。如果丙公司能够证明该产品责任是由作为销售者的乙公司造成的，可以向乙公司追偿。（3）对甲公司请求乙公司承担违约金 492 024 元的诉讼请求，根据《合同法》第一百二十二条的规定，甲公司选择了侵权责任，就不可选择违约责任，法院依法驳回。（4）对甲公司请求承担额外运费 372 000 元，因其提供的证据不充分，依法驳回。（5）对甲公司要求丁计量所承担连带责任的诉讼请求于法无据，依法驳回。（6）反诉人乙公司的反诉理由不能成立，依法驳回。

【法理分析】

1. 合同违约责任与产品侵权责任竞合

《民法典》第一百八十六条规定："因当事人一方的违约行为，损害对方人身权益、财产权益的，受损害方有权选择请求其承担违约责任或者侵权责任。"如果一方当事人的违约行为侵害了对方的人身、财产权益，则同时构成侵权行为，即违约方的同一行为违反了两种法律义务。这时违约方既负有违约责任，也负有侵权责任，这就是违约责任与侵权责任的竞合。受损害方既可以就违约责任行使请求权，也可以就侵权责任行使请求权，这就产生了两种请求权竞合的情况。根据公平原则，《民法典》的这一规定允许受损害方在两种请求权中择一行使，这意味着如果受损害方选择行使一种请求权并得到实现，那么另一种请求权即告消灭。如果受损害方行使一种请求权未果，而另一种请求权未因时效而消灭，则受损害方仍可行使另一种请求权。由于合同纠纷与侵权纠纷在管辖法院和适用法律方面存在区别，允许受损害方选择有利于自己的一种诉由提起诉讼，对受损害方比较方便也有利于保护其合法权益；对违约方来说，这两种责任无论对方要求其承担哪一种，都是合理的。

具体到本案，甲公司在诉讼请求中同时主张了支付合同违约金的违约责任和因装载机电子秤质量问题造成损失的赔偿责任，违反了《合同法》第一百二十二条（《民法典》第一百八十六条）的规定，如果允许甲公司同时行使双重请求权，则使违约方承受双重责任，这对违约方来说显失公平；如果甲公司获得双重补偿，又容易构成受损害方不当得利，也不合理。因此，在责任竞合中选择一个请求权，于情于理于法均符合我国当前的司法实践。

2. 侵权责任减损规则的适用

《民法典》第五百九十一条规定："当事人一方违约后，对方应当采取适当措施防止损失的扩大；没有采取适当措施致使损失扩大的，不得就扩大的损失请求赔偿。当事人因防止损失扩大而支出的合理费用，由违约方负担。"可以看出，减损规则直接影响到守约方可获得的损害赔偿范围，而该规则的适用则要看守约方是否及时采取了减损措施，其核心就是要看守约方是否合理地作为或者不作为。因此，减损规则的关键就在于判断守约一方行为的适当性、合理性。实务中适用扩大损失减损规则的难点在于判断"适当措施"，包括判断守约方是否对防止损失扩大采取措施以及该措施是否适当。判断措施的适当性，不能采用结果反推法即只要未达到减少损失的效果就推定为没有采取适当措施，而应该从守约方的行为本身出发，考虑一方的经验、技能、财务状况及特殊身份等。如果守约方采取了适当的措施，即使未能达到减少损失的效果，其仍可请求对扩大部分损失的赔偿。

具体到本案，甲公司在 2014 年 7 月至 2015 年 6 月期间的业务中因装载机电子秤严重失误造成了损失，其于 2014 年 8 月要求乙公司派员维修调试，在不能将装载机电子秤修复到合同技术标准状态的情况下未采取积极措施及时止损，造成亏损继续发生，违背了防止损失扩大义务，其亏损损失不应该全部由作为生产者的丙公司承担。依据《民法典》第五百九十一条的规定，法院依法判决丙公司减少相应的损失赔偿额，承担 50% 的责任，甲公司自行承担 50% 的责任。

【典型意义】

在日常工作和生活中，遇到合同违约责任与产品侵权责任竞合时该怎么办？

首先，在违约责任与侵权责任竞合纠纷中，我国法律允许当事人选择，并且没有做任何限制，但这并不意味着法律完全放任当事人的选择请求权，还必须遵循下列原则：一是在二者竞合中只能选择一个请求权，实现一个请求权。二是当事人必须存在有偿合同关系。三是某些特殊侵权行为不能构成责任竞合。如虽然存在合同关系，但当事人的违约行为造成对方人身伤亡和精神损害的不构成责任竞合。四是事先约定承担或免除某种责任的不得竞合。五是如果法律已经对请求权作了明确限制，当事人则无选择权。

其次，作为受损害方，面对违约行为，不管怎样都应积极采取合理措施减少违约损失，否则将承担不良后果。一般来说，受损害方采取的合理措施包括停止工作、替代安排、变更合同、继续履行等。当然，当守约方内心不愿意放任损失扩大而取得额外赔偿，并且积极地采取措施防止损失扩大，无论最终结果是否有效阻止损失扩大，都会认定为采取了适当措施。

编写人员：山西转型综合改革示范区人民法院

太原铁路运输法院　王　迪

劳动争议

一 劳动争议案件

1 劳动者与用人单位劳动关系的认定

【案情简介】

2009 年 8 月 31 日，某铁路局客运段印发《分离某客运段辅助业务实施方案》，将某整备车间、洗涤车间等 1 480 人整建制划归某铁路餐饮旅游有限公司管理，自 2009 年 9 月 1 日起生效（所附人员名单中没有杨某）。2010 年，杨某等人向某市劳动争议仲裁委员会提出仲裁申请，要求与某铁路餐饮旅游有限公司签订无固定期限劳动合同，并补缴社会保险和工资等。该仲裁委员会逾期裁决，杨某向法院提起诉讼。

【判决结果】

一审法院判决驳回杨某的全部诉讼请求。

杨某不服一审判决，提起上诉。二审法院认为，杨某虽自述从 1985 年起就已经在某整备车间工作，但根据现有证据，可以确认 2009 年 8 月 31 日某整备车间、洗涤车间等 1 480 人整建制划归某铁路餐饮旅游有限公司时，所附人员名单中并无杨某。某铁路餐饮旅游有限公司也否认杨某在该公司工作并为其发放工资，故杨某与某铁路餐饮旅游有限公司不存在劳动关系。上述事实已经生效的民事判决书所确认，依法应予确认。此后，2011年5月31日，某铁路餐饮洗涤保洁中心又整建制划归某客运段管理，被上诉人某铁路公司作为该客运段的上级单位，同样不认可此次接收的名单中有杨某，也不认可杨某在该公司工作。某铁路公司提交的《委外保洁承揽合同》及银行付款凭证和发票等证据，能够证明其已将杨某等人所从事的业务外包给案外人某保洁服务公司；该保洁服务公司出具证明材料认可杨某等人是其员工，与其存在劳动关系，该公司对其进行管理并发放工资。故现有证据不能证明杨某与某铁路公司之间存在事实劳动关系。二审法院判决：驳回上诉，维持原判。

【法理分析】

1. 劳动者与用人单位是否存在事实劳动关系的认定标准

原劳动和社会保障部发布的《关于确立劳动关系有关事项的通知》为认定事实劳动关系确立了三个标准：（1）用人单位和劳动者符合法律、法规规定的主体资格；（2）用人单位依法制定的各项劳动规章制度适用于劳动者，劳动者受用人单位的劳动管理，从事用人单位安排的有报酬的劳动；（3）劳动者提供的劳动是用人单位业务的组成部分。同时满足以上三个要件的，一般会被认定为事实劳动关系。

2. 用人单位对劳动者有实际用工行为的才可以建立劳动关系

劳动关系，是指用人单位招用劳动者为其成员，劳动者在用人单位的管理下提供有报酬的劳动而产生的权利义务关系。劳动关系存在与否，是一个事实问题，需要相应的事实和证据加以证明。《劳动合同法》第十条第一款规定："建立劳动关系，应当订立书面劳动合同。"《中华人民共和国劳动法》（以下简称《劳动法》）第十六条第一款规定："劳动合同是劳动者与用人单位确立劳动关系，明确双方权利和义务的协议。"据此说明，劳动合同是证明劳动者与用人单位存在劳动关系的有效证据。依照民事证据规则，按照"谁主张谁举证"的原则，案例中上诉人杨某认为其与被告之间存在劳动关系，就应当举出自己与被告之间的书面劳动合同，但根据查明的事实，原被告之间根本没有签订书面劳动合同。因而，从形式上看，原被告之间不存在劳动关系。同时，《劳动合同法》第七条规定："用人单位自用工之日起即与劳动者建立劳动关系。"这表明建立劳动关系，不仅要符合形式要件，更要符合实质要件，即用人单位对劳动者有实际用工行为。一般认为，实质要件更为重要。只要用人单位对劳动者有实际用工行为，即便双方没有签订书面劳动合同，亦可认定双方具有劳动关系。这里所谓"实际用工行为"，是指劳动者成为用人单位的成员，受用人单位的管理，从事用人单位安排的有报酬的劳动，且"劳动者提供的劳动是用人单位业务的组成部分"。事实表明，杨某并没有成为被告单位的成员，而且某铁路公司提交的《委外保洁承揽合同》、银行付款凭证和发票、案外人出具的证明材料等证据，能够证明其已将上诉人杨某等人所从事的业务外包给案外人，案外人认可杨某是其员工，其对杨某进行管理并发放工资。故杨某与某铁路公司之间存在劳动关系的证据不足，理由不充分，不能成立。

【典型意义】

在我国现行法律体系中，用工关系大体上可以分为四类：（1）受《中华人民共和国公务员法》调整的机关单位与公务员之间的聘任关系；（2）受人事方面法律、法规调整的事业单位与其工作人员之间的人事关系（或称为聘用合同关系）；（3）受《劳动法》《劳动合同法》等相关法律、法规调整的用人单位与劳动者之间的劳动关系；（4）受《民法典》调整的提供劳务者与接受劳务者之间的劳务关系（或称为劳务合同关系）。

上述第三类用工关系，即"劳动关系"，指双方当事人通过合意由劳动者一方提供劳动、用人单位一方给付报酬所形成的具有经济人身从属性的权利义务关系。作为劳动争议案件的基本类型之一，确认劳动关系是解决未签劳动合同双倍工资、经济补偿金、违法解除劳动合同赔偿金、加班工资等争议的先决条件，关系劳动者的切身利益。

作为劳动者，应积极与用工单位签订劳动合同，没能及时签订的，应保存好以下证据：（1）入职资料。劳动者填写的用人单位招聘入职登记表、报名表等招聘记录。（2）员工身份资料。员工花名册、暂住证、居住证以及用人单位向劳动者发放的工作证、服务证、出入证等能够证明身份的证件。（3）考勤记录。考勤记录的形式多样，有电子考勤或考勤卡、考勤表。（4）工作记录。包括用人单位向劳动者发出的工作指令以及劳动者在提供劳动的过程中形成的文件等，表现为买卖合同、订单、送货单、电子邮件等。（5）用人单位向劳动者发出的奖惩通知、奖励证书、请假条等，表明劳动者接受用人单位的劳动纪律和规章制度约束。

编写人员：太原铁路运输中级法院　张　虓

2 长期未在岗能否享受增资政策

【案情简介】

魏某原为某铁路客运公司职工，从事列车员工作，现为被告某铁路局客运段职工。1995年2月18日，原告在96次列车上上班时与列车段职工赵某某发生冲突并致伤，经诊断为脑外伤后遗症，震颤性麻痹，其是否属于工伤没有定性处理，原告受伤后一直在家休息，被告每月给魏某发放部分基本工资。魏某就应发放全部工资一事提起诉讼。

【判决结果】

法院认为，某铁路局在最初打架事件发生后未采取及时处理、妥善安排的措施，导致魏某因此长期不到岗，生效的民事判决书已认定此事实。该判决支持每年按29 894元（2008年交通运输业职工年人均收入）的标准支付原告魏某工资，并予以补发从2003年1月20日起至判决生效之日欠发的工资。此标准仍应遵照执行。

2009年之后某铁路局增资文件中，所涉及增资的对象是在岗职工，魏某要求增加工资，但长期未在岗，且未在岗所依据的丧失劳动能力的证据并不充分，因此，其不在岗但仍要享有在岗工资的理由依据不足，由于判决至今双方的工作情况仍维持原状，未有改观，民事判决对工资标准不予调整并无不妥。对于魏某申请调整工资后相应调整各项保险的意见也不予支持。如在民事判决书执行中有保险费用缴纳不合理的情况，双方应按照劳动保障部门的相关规定处理。对于魏某的有关五倍赔偿金及登报道歉等其他诉讼请求，无相关事实和法律依据，不予支持。

【法理分析】

1. 增资条件的认定问题

某铁路局增资文件中，所涉及增资的对象是在岗职工，本案中魏某因与同事在工作时间发生冲突致伤休息，长期不上班，未提供按时按量的劳动，且魏某也未提交任何证据证明其存在无法上班的事实，故无法享受在岗增资。

2. "谁主张谁举证"的原则适用

"谁主张谁举证"是《民事诉讼法》规定的一般的举证规则。简单地说，就是当事人对自己提出的主张，有责任提供证据，否则将会承担举证不能的法律后果。

在案件的审理中，当事人要就自己的主张提出证据，法官会根据当事人的举证情况，对证据作出认证，并据此认定案件的基本事实，作出公正的裁判。由此可见，当事人的举证行为一定程度上决定着其诉讼请求能够获得法院支持。本案中，原告魏某虽提出了丧失劳动能力的主张，但其未能提供充分证据予以证明，由此造成的不利后果由其自行承担。

【典型意义】

职工在工作期间，发生可能引发工伤的事件时，用工单位应积极作为，妥善安置。职工也要积极就事件的发生固定证据，需要就劳动能力进行鉴定的应积极进行鉴定。对工伤认定要严格把握"工作时间""工作场所""工作原因"三个基本要素，同时考虑职工是否存在违反用人单位内部管理规章制度等特定情形。用工单位要切实贯彻落实《劳动法》，规范劳动合同管理，规范劳动关系，加强对长期不在岗人员的有效管理，同时保障不在岗人员的基本生活和权利。

编写人员：太原铁路运输中级法院　郭文清

3 法律不保护躺在权利上睡觉的人

【案情简介】

1984 年底，郑某通过地方招工进入铁路系统工作；1985 年底，转正成为正式职工。1990 年 1 月 23 日，法院以郑某犯盗窃罪为由作出刑事判决，判处郑某有期徒刑 5 年，后郑某保外就医、监外执行。自 1990 年至今，郑某多次找到某车辆段，要求为其或安排上班，或解除与其的劳动关系。车辆段以郑某在其刑事判决书生效后与单位的劳动合同已自行解除为由，未给郑某重新安排工作。

【判决结果】

一审法院认为，原告郑某 1990 年开始就找被告要求解决工作问题，由此可以看出，原告 1990 年就应当知道自己的权利受到侵害。原告在长达 20 多年以后于 2014 年 6 月 18 日才向劳动争议仲裁委员会申请劳动仲裁，早已超出 1 年的仲裁申请期限，该委员会于 2014 年 6 月 23 日作出《不予受理通知书》，认定原告已超过法定仲裁申诉时效并无不当。判决驳回原告郑某的诉讼请求。

郑某不服一审法院上述民事判决，提起上诉。

二审法院认为，上诉人郑某于 1990 年受到刑事处罚后，车辆段根据当时铁道部的有关规定，开除了郑某的路籍。郑某自称从 1990 年就开始找原单位解决工作问题，但其到 2014 年才提起劳动仲裁和诉讼，其提起劳动仲裁时已明显超过法定时效期间，应驳回郑某的诉讼请求。郑某的上诉理由不能成立，其上诉请求法院不予支持。

【法理分析】

1. 劳动争议的解决途径

劳动争议解决的途径有以下几种：

第一，协商程序。协商是指劳动者与用人单位就争议的问题直接进行协商，寻找纠纷解决的具体方案。

第二，申请调解。调解程序是指劳动争议的一方当事人就已经发生的劳动争议向劳动争议调解委员会申请调解程序。根据《劳动法》的规定：在用人单位内，可以设立劳动争议调解委员会负责调解本单位的劳动争议。从法律、法规的规定看，这并不是必经程序，但其对于劳动争议的解决起到了很大作用，特别是对希望继续留在本单位工作的职工来说，能够通过调解来解决劳动争议，也不失为一种理性的选择。

第三，仲裁程序。仲裁程序是劳动纠纷的一方当事人将纠纷提交劳动争议仲裁委员会进行处理的程序。申请劳动仲裁是解决劳动争议的选择程序之一，也是提起诉讼的前置程序。劳动争议纠纷必须先经过仲裁程序，不能直接向人民法院起诉。

第四，诉讼程序。《劳动法》第八十三条规定："劳动争议当事人对仲裁裁决不服的，可以自收到仲裁裁决书之日起十五日内向人民法院提起诉讼。一方当事人在法定期限内不起诉又不履行仲裁裁决的，另一方当事人可以申请人民法院强制执行。"

2. 提起劳动仲裁的时间

根据《劳动争议调解仲裁法》第二十七的相关规定可知，劳动争议申请仲裁的时效期间为一年。仲裁时效期间从当事人知道或者应当知道其权利被侵害之日起计算。因当事人一方向对方当事人主张权利，或者向有关部门请求权利救济，或者对方当事人同意履行义务而中断。从中断时起，仲裁时效期间重新计算。因不可抗力或者有其他正当理由，当事人不能在规定的仲裁时效期间申请仲裁的，仲裁时效中止。从中止时效的原因消除之日起，仲裁时效期间继续计算。

根据《劳动争议调解仲裁法》第二十九条的规定可知，如果当事人未能提出正当理由，超过法律规定的申请仲裁的时效，仲裁委员会将以书面形式通知申请人不予受理。

具体到本案，原告郑某1990年开始就找被告要求解决工作问题，但问题一直未予解决。其于1990年就理应知道权益受到侵害，本应积极通过仲裁解决纠纷，但其于2014年6月18日才申请劳动仲裁，已超过1年的仲裁时效。在诉讼中郑某未能提出证据证明其超过仲裁时效存在合理的理由，法院依法驳回其诉讼请求。

【典型意义】

古希腊谚语有云："法律不保护躺在权利上睡觉的人。"此话可以理解为法律不保护那些自己拥有权利却疏于维护和管理的人。其在我国的现行法律规定中主要以时效制度来体现。

时效制度的目的和价值在于督促权利人及时行使权利，以维护社会关系和秩序的稳定。权利在法定期限内不行使权利，义务人有权提出拒绝履行的抗辩。时效制度是对权利人的督促，若权利人怠于行使权利经过一定期间，又没有其他事由致使时效中断或中止，权利人请求权利保护的诉求将得不到法律保护，产生了"权利不用，过期作废"的后果。为此，当事人在知道权利受到侵害时，应在法律规定的期限内积极主动寻求司法保护。

本案郑某在维权路上，起初仅仅是通过找原单位解决问题，但问题不仅长期没有得到解决，而且还导致向仲裁机构、法院寻求公力救济时因超过诉讼时效而无法实现。因此，公民个人在寻求权利保护时，应将自力救济与公力救济有力地结合起来，以更好地保护自身权利。

编写人员：太原铁路运输中级法院　郭文清

4 民事诉讼举证责任在劳动仲裁案件中的意义

【案情简介】

原告王某系某铁路公司某车站装卸队职工。1996 年 1 月 1 日，原告与某铁路分局装卸管理所签订无固定期限劳动合同。2013 年 6 月 5 日，因铁路货运业务整合，原告被划入被告某铁路公司某车站工作。2013 年 10 月 29 日，王某在车站货场进行硅铁包吊装作业过程中，汽车司机启动汽车时，导致王某不慎被吊起的硅铁包与汽车挤压，当日被收住于医院急诊观察室，医院诊断为腹部软组织伤（腹部少量积液）。原告于 2013 年 10 月 31 日 CT 检查报告单诊断为右肺上叶尖段胸膜下肺大疱、左上肺胸膜下线（间质纤维化），于 2013 年 11 月 22 日出院。2013 年 12 月 31 日，经太原市人力资源和社会保障局认定原告王某为工伤。2014 年 4 月 11 日，原告经太原市劳动能力鉴定委员会鉴定为无丧失劳动能力程度、无劳动功能障碍程度、无生活处理障碍程度、无医疗依赖。原告从 2013 年 10 月 29 日到 2014 年 6 月 30 日一直在家休养。2014 年 7 月 1 日原告上班，7 月 2 日正式上岗看泵房。应原告的申请，劳动仲裁委员会于 2014 年 9 月 11 日作出裁决。原告对该裁决不服，向法院提起诉讼。

【判决结果】

法院认为，当事人对自己提出的诉讼请求所依据的事实或反驳对方诉讼请求所依据的事实有责任提供证据加以说明。没有证据或证据不足以证明当事人的事实主张的，由负有举证责任的当事人承担不利后果。原告针对其主张的各项诉讼请求均未提供有效证据证实，判决：驳回原告王某的诉讼请求。

【法理分析】

《民事诉讼法》第六十四条第一款规定："当事人对自己提出的主张，有责任提供证据。"《最高人民法院关于民事诉讼证据的若干规定》第二条规定："当事人对自己提出的诉讼请求所依据的事实或者反驳对方诉讼请求所依据的事实有责任提供证据加以证明。没有证据或证据不足以证明当事人的事实主张的，由负有举证责任的当事人承担不利后果。"根据上述规定，当事人在民事官司中对自己所主张的事实，有提供证据加以证明的责任，即"谁主张谁举证"，这就是我国《民事诉讼法》规定的一般举证规则。

本案中，原告虽提出要求被告支付 2014 年清明节、五一劳动节、端午节加班费和奖金共计 8 168.84 元，2006 年至 2013 年 150% 的超时工资共计 250 560 元，2010 年至 2013 年因抽调在岗人员参加其他工作造成原告月平均上 10 天班改为上 15 天班的 150% 的加班工资共计 8 720 元，2009 年至 2013 年因人员紧张没有休年休假 300% 的加班工资共计 32 721 元，原告工资 25% 的经济补偿金 75 042.46 元、赔偿金 1 876 061.50 元，因未签订劳动合同 11 个月的双倍工资，撤销被告 2014 年 6 月 30 日要求原告回单位上班的口头通知等诉讼请求，但未提供相关证据予以证明，故按照《民事诉讼法》的规定应予驳回其诉讼请求。

依据"谁主张谁举证"的原则，当事人对自己提出的主张，有责任提供证据，否则将会承担举证不能的不利法律后果。证据问题是诉讼的关键问题。证据是认定案情的根据，是证明案件事实的依据，是整个诉讼过程的核心问题所在。围绕整个庭审过程中的争议焦点，所有可以用于证明案件事实的材料都可当作证据，诉讼活动的进行也都是围绕证据的搜集与运行。只有正确地认定案情与证据，才能正确地适用相关的法律，从而正确地处理案件。

对于参加仲裁与诉讼的当事人来说，应注意以下几点：第一，对于自己的事实主张，应当提供相应的证据。这是法律对提出事实主张者的要求。因为只有双方当事人都对自己的事实主张提供了证据，才便于法院对相应的事实问题予以判断。如果只是提出事实主张，而不提出相应的证据，则法院难以判断。第二，举证责任要证明的仅限于事实主张，不包括权利主张或法律主张，需要提供证据证明的是事实，不是权利。有无权利是法院依据事实，适用法律判定。第三，双方对一个事实都没有提交证据时，即该事实处于真伪不明时，适用"谁主张谁举证"的原则。

编写人员：山西转型综合改革示范区人民法院

太原铁路运输法院　梁　峰

5 劳动者与多个劳动单位签订书面协议时，劳动关系的认定

【案情简介】

林某自 1997 年 3 月起任职于某大型国有企业（以下简称 A 公司），主要职责为为该国有企业的分支机构（以下简称 B 公司）管理的公寓楼提供后勤保障服务。2004 年 6 月至 2005 年 2 月因病离岗休养。2008 年 1 月 1 日，某劳务公司（以下简称 C 公司）与林某签订了劳动合同，将林某派遣至原岗位继续工作。2009 年 4 月，林某与 B 公司签订了书面的解除劳动关系协议书，领取了相应的补偿金，之后林某再未上过班。

因 A 公司在林某工作期间从未与其签订过书面的劳动合同，也没有为林某缴纳过社会保险，导致林某达到退休年龄却无法享受社会养老保险待遇，故林某于 2015 年将 A 公司诉至法院，请求确认 A 公司与其之间存在劳动关系，并判令 A 公司支付未签订劳动合同的双倍工资、加班费、未缴纳社会保险的损失等共计 90 万余元。

【判决结果】

法院经审理后认定林某与 A 公司形成了事实劳动关系，时间为 1997 年 3 月至 2004 年 5 月和 2005 年 3 月至 2009 年 4 月 30 日，驳回了林某的其他诉讼请求。

【法理分析】

结合本案，笔者认为法院最终认定林某与 A 公司之间形成了事实劳动关系，而没有认定林某与 B 公司或 C 公司形成劳动关系是正确的。

《劳动合同法》自 2008 年 1 月 1 日起施行之后，作为认定劳动者与劳动单位存在劳动关系的重要依据对要求劳动单位规范劳动用工起到了非常重要的作用，但同时也衍生出了一些劳动单位为了逃避其应尽的法定义务而通过各种看似合法的外在形式来规避法律风险。若仅凭书面劳动合同的表面证据就机械地认定劳动关系的主体双方，则可能会造成劳动者的合法权益无法得到保护的最终结果，也背离了《劳动合同法》的立法精神。因此，原劳动和社会保障部《关于确立劳动关系有关事项的通知》等一系列部门规章及司法解释的规定弥补了法院在认定劳动关系时相关证据的采信标准和依据，即通过工资发放凭证、工作证、社保缴纳记录、纳税记录等证据来作为印证双方确实存在真实劳动关系的依据。在本案中，B 公司成立于 2013 年 12 月 19 日，C 公司成立于 2003 年 10 月 15 日。C 公司与林某签订劳动合同的日期为《劳动合同法》实施的当日，B 公司与林某签订解除劳动合同的书面协议时并非独立法人，也非法定的分支机构。法院结合各方陈述的客观事实及证据最终认定林某与 A 公司存在事实劳动关系，但由于林某起诉时早已超过请求赔偿的时效，故法院驳回了林某关于赔偿的诉讼请求。

【典型意义】

本案对于劳动关系的认定具有典型意义。在企业经营管理中，出于节省人力成本、人员流动性大等主客观因素的考虑，用人单位往往忽视和劳动者签订书面劳动合同及为其缴纳社会保险。然而一旦发生纠纷而进入诉讼，用人单位的败诉风险就会非常高。

与其"亡羊补牢"，不如"未雨绸缪"。建议用人单位从以下几方面加强管理：（1）建立完善的入职管理制度。在录用员工时，明确具体岗位的入职条件、录用程序等内容，了解员工的工作经历与技术水平，设置试用条款与试用程序，防范用工风险。（2）及时与员工签订劳动合同，将双方的权利义务通过书面形式明确化。（3）及时为员工缴纳社会保险，以防范潜在的用工隐患。（4）根据具体的岗位情况，对涉及商业秘密或其他与知识产权有关的岗位，在员工入职时与其签订保密协议或竞业限制协议等，从而约定员工承担违约的义务。

编写人员：山西转型综合改革示范区人民法院

太原铁路运输法院　张　磊

6 关于"善后协议"的效力及诉讼主体资格认定问题

【案情简介】

1998 年 4 月 30 日，某大型央企分支机构（A 公司）的工亡职工张某的家属谢某，与 A 公司就张某在工作时间发生意外交通事故的善后事宜达成书面协议，由 A 公司支付张某与谢某的婚生子张小某及谢某一定的生活补偿金，并同意待张小某成年后，为其安排工作至 A 公司上班，依法缴纳社会保险。后 A 公司未按照"善后协议"的约定履行相应义务，谢某向劳动仲裁委提出仲裁申请，仲裁委支持了谢某的仲裁请求，A 公司不服，又将张某诉至某区法院。

【判决结果】

法院经审理认为，"善后协议"所涉及的发放补偿金、工作安排、缴纳社会保险费，均与案外人张小某有直接关系，诉讼结果将直接影响到张小某的实体权利，但张小某却恰恰不是本案当事人，故依据《民事诉讼法》第六十四条的规定驳回了 A 公司的诉讼请求。

【法理分析】

谢某与 A 公司于 1998 年 4 月 30 日签订的"善后协议"，因履行发生纠纷时，谁有资格对 A 公司提出相应的主张？各主体之间又是什么法律关系？

《中华人民共和国劳动争议调解仲裁法》（以下简称《劳动争议

调解仲裁法》）第二条对劳动仲裁委应当受理的劳动争议的范围作出了明确规定，即"中华人民共和国境内的用人单位与劳动者发生的下列劳动争议，适用本法：（一）因确认劳动关系发生的争议；（二）因订立、履行、变更、解除和终止劳动合同发生的争议；（三）因除名、辞退和辞职、离职发生的争议；（四）因工作时间、休息休假、社会保险、福利、培训以及劳动保护发生的争议；（五）因劳动报酬、工伤医疗费、经济补偿或者赔偿金等发生的争议；（六）法律、法规规定的其他劳动争议。"

笔者认为，在本案中，"善后协议"所涉及的内容主要分为两个部分，即经济补偿和工作安排。而关于对张小某的工作安排并缴纳社会保险的承诺，应属确认劳动关系及作为劳动者依法应当享有的社会保险福利待遇之争议。单从争议的内容上看，劳动仲裁委受案并无当然不妥之处，但除了经济补偿系谢某与张小某作为死者张某的直系亲属为共同受让人外，工作安排及缴纳社会保险都是 A 公司承诺给死者的儿子张小某的，且张小某已经成年，是具有完全民事行为能力的自然人，是独立的诉讼主体，仅由谢某作为仲裁申请人提起仲裁请求，其主体资格并不适格。法院以"涉及第三人利益，而第三人未参与到诉讼当中"的理由驳回了 A 公司的诉讼请求并无不当。

《劳动法》第三条第一款规定："劳动者享有平等就业和选择职业的权利、取得劳动报酬的权利、休息休假的权利、获得劳动安全卫生保护的权利、接受职业技能培训的权利、享受社会保险和福利的权利、提请劳动争议处理的权利以及法律规定的其他劳动权利。"A公司在"善后协议"上签字，就有关张小某的工作安排及缴纳社保的承诺，从本质上看，是劳动单位发出的针对具体个体劳动者的用工要约，而张小某（或当时作为张小某法定代理人的谢某）的签字是承诺，双方已经对未来在条件成就时履行协议内容达成了一致意见，非有法定理由或双方当事人协商一致不得随意改变，这是基本的契约精神，也体现了立法者立法的本意。本案中，虽然谢某的主张最终并未得到支持，但并不代表张小某的权利就此被剥夺，张小某可以作为适格的诉讼主体单独提出诉请，基于法律赋予的权利，请求法院支持其应当享受的合法权益。

【典型意义】

本案于劳动争议中"善后协议"的效力认定以及协议当事人的诉讼主体资格认定具有典型意义。"善后协议"是双方当事人为了妥善处理事情发生后的后续遗留问题所签署的协议。一般而言，善后协议属于《合同法》中的无名合同，因此其只需要符合《合同法》的一般要求：双方自愿签署，体现双方真实意思表示，且不违反法律、行政法规的强制性规定即为有效力的合同，对于签订双方都有约束力。本案中，A公司与谢某所达成的"善后协议"中主要针对金钱部分与工作部分，并不违反国家法律法规的规定，因此是有效的。

而合同的相对性决定了其只能在当事人之间发生效力，主要体现在：第一，主体相对。只有合同当事人之间才能相互提出请求。第二，内容相对。只有合同当事人才能享有合同规定的权利，并承担合同规定的义务。第三，责任相对。违约当事人应对因自己的过错造成的违约后果承担违约责任，而不能将责任推卸给他人。当因为"善后协议"的履行发生纠纷时，只有协议当事人可以提起诉讼。

编写人员：山西转型综合改革示范区人民法院

太原铁路运输法院　张　磊

7 劳务派遣单位和实际用工单位对劳动者的带薪年休假工资应承担连带责任

【案情简介】

祁某称其于 2009 年 6 月入职某铁路公司，双方之间未订立书面劳动合同，其工作地点在北京市怀柔区某行车公寓，从事服务员工作，其月工资系通过银行转账形式领取。祁某于 2009 年 1 月 1 日与大同某公司订立书面劳动合同。2014 年 7 月 3 日，祁某向怀柔仲裁委申请仲裁，要求确认其与某铁路公司存在劳动关系，并要求某铁路公司向其支付未签劳动合同双倍工资差额等。怀柔仲裁委于 2014 年 10 月 21 日作出裁决书，裁决确认：（1）祁某与某铁路公司自 2009 年 1 月 1 日至今存在劳动关系。（2）某铁路公司支付祁某带薪年休假工资 3 848.17 元。（3）驳回祁某的其他申请请求。某铁路公司对仲裁裁决不服，于 2014 年 12 月诉至法院。在审理过程中，祁某向法庭提交了计工表、胸牌、某行车公寓管理所与祁某解除劳动合同协议书等证据，证明其与某铁路公司之间自始存在劳动关系。某铁路公司称其对祁某承担用工单位的责任，而不是用人单位的责任，双方之间并不存在劳动关系，大同某公司主张其与祁某之间存在劳动关系并提供了双方签字的劳动合同，陈述祁某系由大同某公司派遣至某铁路公司工作。祁某在职期间未休年假。

该行车公寓承担公司机车乘务员后勤保障工作，由原告某铁路公司分支机构某公寓管理段管理。某公寓管理段于 2013 年 12 月 19

日取得营业执照，载明经营范围是一般经营项目：为总公司承揽业务。2008年1月至2014年6月期间，某公寓管理段与第三人大同某公司签订了多份劳务合作协议，其中约定由大同某公司派遣劳务人员担任某公寓管理段安排的工作，具体岗位是服务员等，并约定工资标准及支付方式、支付周期等内容。

第三人大同某公司成立于2003年10月15日，营业期限为2003年10月15日至2017年12月31日，注册资本30万元。该公司由两名自然人股东组成，经营范围包括销售金属材料、机械配件、家政服务、劳务服务（依法须经批准的项目，经相关部门批准后方可开展经营活动）。该公司称从2008年至今从事劳务派遣活动，且一直未办理行政许可手续。

经法庭询问，祁某称其工资构成为基本工资（北京市最低工资标准）+夜班费；大同某公司称祁某工资构成为基本工资（北京市最低工资标准）+夜班补助+节假日工资。

【判决结果】

法院认为，当事人对于自己提出的诉讼请求所依据的事实有责任提供证据予以证明，没有证据或证据不足以证明其主张的，由负有举证责任的当事人承担不利后果。被告祁某虽然由原告介绍到公寓工作，但其在早于自述的入职时间之前，已直接与第三人大同某公司签订了劳动合同。祁某虽然不认可劳动合同的内容，但其未能提供充分证据予以证明，由此造成的不利后果由其自行承担。故法院对于被告祁某的此项辩称意见不予采信，据此法院认定被告祁某与大同某公司存在劳动关系。祁某在职期间确实未休年假，某铁路公司作为实际用工单位，应与大同某公司连带支付其带薪年休假工资。判决：一、原告某铁路公司与被告祁某不存在劳动关系。二、确认第三人大同某公司自 2009 年 1 月至今与被告祁某存在劳动关系。三、原告某铁路公司与第三人大同某公司于本判决生效后 7 日内连带支付被告祁某带薪年休假工资 3 848.17 元。四、驳回原告某铁路公司的其他诉讼请求。

【法理分析】

1. 依据"谁主张谁举证"的原则，当事人对自己提出的主张，有责任提供证据，否则将承担举证不能的不利法律后果

《民事诉讼法》第六十四条第一款规定："当事人对自己提出的主张，有责任提供证据。"当事人在民事官司中对自己所主张的事实有提供证据加以证明的责任，即"谁主张谁举证"，这就是《民事诉讼法》规定的一般举证规则。

本案中，被告祁某虽然不认可劳动合同的内容，但其未能提供充分证据予以证明，由此造成的不利后果由其自行承担。且其自述在早于入职某公寓之前，已直接与第三人大同某公司签订了劳动合同。故法院对于被告祁某的此项辩称意见不予采信，而认定被告祁某与大同某公司存在劳动关系，原告某铁路公司与被告祁某不存在劳动关系。

2. 劳务派遣单位的职工未休年假时，其带薪年休假工资应由劳务派遣单位和实际用工单位共同负担

实行带薪年休假制度是党中央、国务院关心职工健康、落实社会公共福利制度的一项重要举措，是建设和谐劳动关系，体现现代社会"以人为本"发展观念的重要环节，对于提高工作效率、促进经济发展具有重要意义。《劳动法》第四十五条第一款就规定了"国

家实行带薪年休假制度"。中华人民共和国人力资源和社会保障部为此专门颁布了《企业职工带薪年休假实施办法》，该办法第十四条明确规定了劳务派遣单位的职工连续工作满 12 个月以上的，享受带薪年休假。被派遣职工在劳动合同期限内无工作期间由劳务派遣单位依法支付劳动报酬的天数多于其全年应当享受的年休假天数的，不享受当年的年休假；少于其全年应当享受的年休假天数的，劳务派遣单位、用工单位应当协商安排补足被派遣职工年休假天数。本案中，大同某公司作为劳务派遣单位，某铁路公司作为实际用工单位，在祁某在职工作期间确实未休年假的情况下，两公司应当对向祁某支付带薪年休假工资承担连带责任。

【典型意义】

本案的典型意义主要有两个方面，一是劳动派遣中劳动者与用工单位、用人单位的劳动关系认定；二是在劳务派遣中用人单位和用工单位如何承担连带责任。

关于劳务派遣中劳动者与用工单位、用人单位之间的劳动关系认定问题，根据《劳动合同法》和《劳务派遣暂行规定》，用工单位只能在临时性、辅助性或者替代性的工作岗位上使用被派遣劳动者。实践中，劳动者往往是与用人单位签订劳动合同，而实际工作则是在用工单位，劳动者与用工单位所形成的劳动关系与事实劳动关系相似，这也就要求法院在审理这类案件时要严格审查劳动者是否存在与其他单位签订有劳动合同，是否属于劳务派遣。

关于劳务派遣中用人单位和用工单位连带责任的承担问题，《劳动合同法》第九十二条规定了用工单位给被派遣劳动者造成损害的，劳务派遣单位与用工单位承担连带赔偿责任，且该连带责任不因派遣协议中排除用工单位的责任而予以免除。面对激烈的市场竞争环境，个别用人单位为降低用工成本、追求利润最大化，安排劳动者超时加班，对劳动者的身心健康造成了严重影响。本案裁判明确了此种情况下用工单位、劳务派遣单位承担连带赔偿责任，可以有效避免劳务派遣用工中出现责任真空的现象，实现对劳动者合法权益的充分保障。

编写人员：山西转型综合改革示范区人民法院

太原铁路运输法院　刘　庆

8 被派遣劳动者与用工单位不形成劳动关系

【案情简介】

康某称其于 2010 年 5 月入职太原某公司，双方之间未订立书面劳动合同，其工作地点在该公司分支机构的行车公寓，从事服务员工作，其月工资系通过银行转账形式领取。康某于 2011 年 9 月 28 日与大同某公司订立书面劳动合同。当日，康某填写了大同某公司派遣人员登记表，其中载明："2008 年 8 月 1 日至 2011 年 9 月 28 日由大同某公司派遣到某公寓任劳务工。"该派遣表由康某签名、捺印。2014 年 7 月 3 日，康某向劳动仲裁委申请仲裁，要求确认与太原某公司存在劳动关系，并要求该公司支付未签劳动合同双倍工资差额、加班工资、社会保险损失费。劳动仲裁委于 2014 年 10 月 21 日作出裁决，确认康某与太原某公司自 2010 年 4 月至今存在劳动关系，驳回康某其他申请请求。太原某公司对仲裁裁决不服，于 2014 年 12 月诉至法院。在审理过程中，康某向法庭提交了计工表、胸牌等证据。太原某公司称其对康某承担用工单位的责任，而不是用人单位的责任，双方之间并不存在劳动关系。大同某公司主张其与康某之间存在劳动关系，康某系由其派遣至太原某公司工作。

【判决结果】

法院认为，首先，本案康某虽然由太原某公司分支机构行车公寓的员工介绍到该公寓工作，但载有康某签名的大同某公司派遣人员登记表中显示了"2008年8月1日至2011年9月28日由大同某公司派遣到某公寓任劳务工"的内容。其次，康某与大同某公司签订有书面劳动合同。另外，康某提供的证据不足以证明其与太原某公司存在劳动关系。综上，太原某公司与康某不存在劳动关系，确认大同某公司与康某存在劳动关系。

【法理分析】

1. 劳动合同是确定劳动关系的关键证据

《关于确立劳动关系有关事项的通知》规定："二、用人单位未与劳动者签订劳动合同，认定双方存在劳动关系时可参照下列凭证：（一）工资支付凭证或记录（职工工资发放花名册）、缴纳各项社会保险费的记录；（二）用人单位向劳动者发放的'工作证'、'服务证'等能够证明身份的证件；（三）劳动者填写的用人单位招工招聘'登记表'、'报名表'等招用记录；（四）考勤记录；（五）其他劳动者的证言等。其中，（一）、（三）、（四）项的有关凭证由用人单位负举证责任。"《最高人民法院关于适用〈中华人民共和国民事诉讼法〉的解释》第九十条规定："当事人对自己提出的诉讼请求所依据的事实或者反驳对方诉讼请求所依据的事实，应当提供证据加以证明，但法律另有规定的除外。在作出判决前，当事人未能提供证据或者证据不足以证明其事实主张的，由负有举证证明责任的当事人承担不利的后果。"

具体到本案，首先，康某与大同某公司签订了劳动合同并填写了派遣人员登记表，康某的工资、社会保险均由该公司发放，故康某与该公司之间存在劳动关系。其次，康某虽主张其与太原某公司存在劳动合同关系，但其提供的计工表和胸牌等证据不足以证明其与太原某公司存在劳动关系。综上，可以认定康某与太原某公司不存在劳动关系，其与大同某公司存在劳动关系。

2. 被派遣劳动者与劳务派遣单位存在劳动关系

《劳动合同法》第五十八条第一款规定："劳务派遣单位是本法所称用人单位，应当履行用人单位对劳动者的义务。劳务派遣单位与被派遣劳动者订立的劳动合同，除应当载明本法第十七条规定的事项外，还应当载明被派遣劳动者的用工单位以及派遣期限、工作岗位等情况。"

具体到本案，康某与大同某公司签订的劳动合同属于劳务派遣单位与被派遣劳动者订立的劳动合同，且康某对载明"2008 年 8 月 1 日至 2011 年 9 月 28 日由大同某公司派遣到某公寓任劳务工"的大同某公司派遣人员登记表签名、捺印，亦是其对该事实的确认，故康某与大同某公司存在劳务派遣的劳动关系，太原某公司是劳务派遣的用工单位而非用人单位。

【典型意义】

如何准确把握劳动关系认定的标准，对于维护劳动者和用人单位的合法权益具有重要意义。《劳动合同法》第十条规定："建立劳动关系，应当订立书面劳动合同。已经建立劳动关系，未同时订立书面劳动合同的，应当自用工之日起一个月内订立书面劳动合同。用人单位与劳动者在用工前订立劳动合同的，劳动关系自用工之日起建立。"但是，在实践中还存在劳动关系已经建立超过一个月以上，但用人单位和劳动者仍未订立书面劳动合同的情况，此时要确定二者是否形成事实劳动合同关系，双方提供证明各自主张就显得更为重要，因为法院最终是根据证据的证明效力和举证责任的分配最大限度地还原事实真相，作出公正判决。劳动者在劳动关系中处于弱势地位，考虑到这一点，现行法律、文件在相关规定中也给予了一定的倾斜，比如《关于确立劳动关系有关事项的通知》规定用人单位未与劳动者签订劳动合同，认定双方存在劳动关系时可参照的部分凭证则采取了举证责任倒置的分配方式来保护劳动者的合法权益。

另外，我们还要准确界定劳务派遣中的用人单位和用工单位的区别，因为在劳务派遣关系中被派遣劳动者与派遣单位而非用工单位形成劳动关系，二者按照劳动合同的约定全面履行各自义务。但是我们也要防止有些用人单位以虚假派遣形式来逃避自己对于劳动者应承担的义务。因此，劳动者在工作中要注意保护自己的合法权益，及时与用人单位签订劳动合同，明确自己的权利和义务，在权利受到侵害时运用法律武器保护自己的合法权益。

编写人员：山西转型综合改革示范区人民法院
　　　　　太原铁路运输法院　冯　璐

9 对待证事实，当事人应负有举证责任

【案情简介】

杜某于1986年7月入职某铁路公司工务段，担任线路工人。1996年1月1日，杜某与单位签订了无固定期限劳动合同。1998年9月25日，杜某自愿与单位解除劳动合同，自谋职业。某铁路公司工务段发给杜某一次性安置补助费30 000元，解除劳动关系的合同自1998年10月1日起生效。杜某在职期间，单位为其缴纳了1993年10月至1998年7月的养老保险。1999年，单位将杜某的档案移交给劳动力调剂站。2001年8月13日，杜某的档案被移交给了市职工失业保险所。该档案移交情况杜某已知悉。2016年5月，杜某向当地仲裁委申请仲裁，仲裁委以申请人的仲裁请求超过了仲裁申请时效作出了《不予受理通知书》。杜某对仲裁结果不服，于2016年5月30日诉至法院，要求某铁路公司及所属的工务段赔偿因扣押档案造成的其1998年至2015年的社会保险损失费62 000元。

【判决结果】

法院认为，杜某自1998年9月25日与某铁路公司工务段签订了解除劳动关系协议并领取了一次性安置补助费后，双方之间的劳动关系自此已经解除。某铁路公司工务段作为用人单位已将杜某的档案移交给市职工失业保险所，其履行义务并无不当。现杜某在

2015 年 8 月收到了档案之后要求该铁路公司及所属工务段赔偿其社会保险损失费，但没有证据证明其主张，故法院判决驳回杜某的诉讼请求。

【法理分析】

当事人对自己提出的诉讼请求所依据的事实有责任提供证据加以证明

《民事诉讼法》第六十四条第一款规定："当事人对自己提出的主张，有责任提供证据"，这是我国民事诉讼立法上关于举证责任的法律渊源。《最高人民法院关于适用〈中华人民共和国民事诉讼法〉的解释》第九十条规定："当事人对自己提出的诉讼请求所依据的事实或者反驳对方诉讼请求所依据的事实，应当提供证据加以证明，但法律另有规定的除外。在作出判决前，当事人未能提供证据或者证据不足以证明其事实主张的，由负有举证证明责任的当事人承担不利的后果。"本条并未采纳举证责任或证明责任的概念，而是使用举证证明责任的表述，其目的在于强调：（1）明确当事人在民事诉讼中负有提供证据的行为意义的责任，只要当事人在诉讼中提出于己有利的事实主张，就应当提供证据；（2）当事人提供证据的行为意义的举证责任，应当围绕其诉讼请求所依据的事实或者反驳对方诉讼请求所依据的事实进行；（3）当事人在诉讼中提供证据，应当达到证明待证事实的程度，如果不能使事实得到证明，则当事人应当承担相应的不利后果。

本案中，经审理已查明杜某的入职时间、缴纳保险、签订劳动合同、解除劳动关系和领取安置补助费的情况。杜某入职时间内，原单位为杜某足额缴纳了养老保险；杜某辞职后，原单位在与杜某解除劳动关系并给予安置补助费后，将杜某的档案按正常手续移交给市职工失业保险所，其已全面履行义务，并无不当。杜某主张原单位赔偿社会保险损失费的诉求，未能提供充分证据予以证明，由此造成的不利后果由其自行承担，故法院不予支持杜某的诉求。

【典型意义】

在民事诉讼中，当事人对自己提出的主张一般负有举证责任，也就是我们通常说的"谁主张谁举证"。依据"谁主张谁举证"的原则，当事人对自己提出的主张，有责任提供证据，否则将会承担举证不能的不利法律后果。故司法实践中，对于当事人尤其是法律知识欠缺的群众起诉，人民法院有必要对其举证进行合理的释明与指导。作为当事人，也应在法院规定的期限内积极、全面、正确、诚实地完成举证，并对举证的要求及其法律后果有基本认知。

编写人员：山西转型综合改革示范区人民法院

太原铁路运输法院　胡　静

10 超过法定退休年龄时，用工劳动关系的认定

【案情简介】

吕某自称于 1999 年 1 月到某行车公寓工作（承担被告某铁路公司机车乘务员后勤保障工作，由某公寓管理段管理，该公寓管理段是被告某铁路公司的分支机构），2012 年之前每月工资均在公寓管理段会计处领取现金并签字确认；2012 年之后通过银行划账的方式领取月工资。吕某的工作地点一直在行车公寓，其一直从事服务员工作，与某铁路公司之间未订立书面劳动合同。吕某曾于 2008 年 1 月 1 日和 2009 年 1 月 1 日分别与大同某公司订立了两次期限为 1 年的劳动合同。大同某公司为吕某缴纳了 2011 年至 2015 年的养老保险和 2009 年 1 月至 2014 年 12 月的医疗保险。吕某于 2014 年 2 月 2 日达到法定退休年龄后仍然上班，自称现在月工资 1 720 元，自 2008 年开始多次找到行车公寓领导要求上保险但未果。2015 年 10 月，吕某向当地仲裁委申请仲裁，仲裁委于 2015 年 10 月 12 日作出《不予受理通知书》，理由是申请人因超过法定就业年龄故主体不适格。吕某对仲裁结果不服，于 2015 年 10 月 14 日将某铁路公司诉至法院，法院追加大同某公司作为第三人参加诉讼。在审理过程中，吕某陈述不知道第三人大同某公司为其缴纳了保险。吕某向法庭提交了计工表、行车公寓卫生许可证、一日工作程序、服务员作业指导书、工作牌照片、学习记录本、健康证明等书证，证明

其与被告某铁路公司之间存在劳动关系。其中 2012 年 12 月计工表原件显示了吕某的出勤情况，该表加盖了该行车公寓的公章。第三人大同某公司主张其与吕某之间存在劳动关系，吕某系由其派遣至某铁路公司工作。

【判决结果】

法院认为，当事人对于自己提出的诉讼请求所依据的事实有责任提供证据加以证明，没有证据或证据不足以证明其主张的，由负有举证责任的当事人承担不利后果。原告主张于 1999 年 1 月到被告处上班，被告虽然不予认可，但其作为用人单位本应当提供原告的入职表等手续，其未能履行上述法定义务造成的不利后果由被告自行承担，故法院认定原告的入职时间为 1999 年 1 月。因原告 2014 年 2 月 2 日已达到法定退休年龄，故法院认定原、被告自 1999 年 1 月至 2014 年 2 月 2 日形成事实劳动关系。原告于 2014 年 2 月 2 日之后虽然继续上班，但其此时系劳务工，且双方已经履行了各自的权利和义务。故法院对于原告要求确认 2014 年 2 月 2 日至今与被告存在劳动关系的请求不予支持。第三人虽于 2008 年和 2009 年曾与原告签订过劳动合同，但原告在签订劳动合同前后无论是在工作地点、工作内容等方面均未发生改变，原告作为劳动者有理由相信其与被告某铁路公司存在劳动关系。第三人虽主张与原告存在劳动关系且月工资系由第三人发放给原告，且保险亦由第三人支付，但原告作为劳动者对此并不知晓，故对第三人的上述意见，法院不予采纳。根据《北京市基本养老保险规定》第三十条"企业不参加基本养老保险或者不按时足额缴纳基本养老保险费的，由劳动保障行政部门责令限期改正，按照国务院《社会保险费征缴暂行条例》的规定予以行政处罚，并将企业违法行为的信息依法计入本市企业信用信息系统；企业给被保险人享受基本养老保险待遇造成损失的，被保险人有权要求企业赔偿"的规定，原告于2014年2月2日达到法定退休年龄，在符合条件时应当依法办理退休手续，享受养老保险待遇。被告未按时为原告缴纳工作期间的社会保险，是导致原告现在无法办理退休手续以及无法领取养老金的原因之一，故被告应当对原告的经济损失给予相应的赔偿。因原告在法定退休年龄到达前未能办理养老保险的补缴手续，被告对其无法办理退休手续以及无法领取养老金的后果应承担相应的责任。结合本案的实际情况和双方提交的证据，被告应当向原告赔偿未能缴纳社会保险导致不能按时领取养老金的损失，但原告所主张的数额过高且未考虑其本人的责任比例，故法院将根据现有证据予以酌定具体赔偿数额。

【法理分析】

首先，《劳动合同法》第四十四条第二项规定，劳动者开始依法享受基本养老保险待遇的，劳动合同终止。《最高人民法院关于审理劳动争议案件适用法律若干问题的解释（三）》第七条规定："用人单位与其招用的已经依法享受养老保险待遇或领取退休金的人员发生用工争议，向人民法院提起诉讼的，人民法院应当按劳务关系处理。"根据上述规定可知，依法享受基本养老保险待遇或领取退休金是认定劳动合同终止或劳动者与用人单位之间形成劳务关系的前提。其次，《劳动合同法实施条例》第二十一条规定："劳动者达到法定退休年龄的，劳动合同终止。"该条例应理解为达到法定退休年龄是劳动合同终止的事由，即通常情况下，自然人建立劳动关系的能力资格始于用工年龄，终于退休年龄，故自然人在退休年龄之后的就业，不应认定为劳动关系。本案中，原告于 2014 年 2 月 2 日已经达到了法定退休年龄，故法院认定原、被告自 1999 年 1 月至 2014 年 2 月 2 日形成事实劳动关系。原告于 2014 年 2 月 2 日之后虽然继续上班，但其此时系劳务工，双方之间是劳务关系，而非劳动关系。

【典型意义】

　　已达法定退休年龄人员能否建立劳动关系，《劳动法》和《劳动合同法》均无明确规定，但是相关行政法规以及涉养老保险等规章制度并未将已达法定退休年龄人员务工纳入劳动法律关系的保障范围。事实上，超过法定退休年龄人员参加劳动，仍然受到保护，但主要是通过一般民事法律，尤其是《合同法》等法律法规进行规范和保护，而没有在《劳动法》《劳动合同法》明确的调整范围内。劳务关系是劳动者与用工者根据口头或书面约定，由劳动者向用工者提供一次性或特定的劳动服务，用工者依约向劳动者支付劳务报酬的一种有偿服务的法律关系。劳务合同与劳动合同存在重要区别，劳务合同当事人虽然有时也接受用工者的指示管理，但不必与劳动合同关系同等受到强烈的管理关系约束。劳务合同具有一定的临时性特征，缺乏劳动合同所具有的长期性与稳定性。相反，劳动合同中劳动者往往具有较强的依赖性和身份性，自愿接受用人单位的严格约束。已达退休年龄人员务工往往并无建立长期的、稳固的劳动关系的意思表示，用工单位招录已达退休年龄人员也往往无相应的建立劳动关系的意愿。双方的用工关系具有较强的临时性、偶然性与非正式性，国家对于此类用工关系的管理相对宽松，用工单位对于此类人员的约束也往往相对灵活。因此，与一般的劳动法律关系相比，具有明显区别。

事实上，已达退休年龄人员从事的许多活动属于临时性劳务，也往往难以期待用工者会与其签订劳动合同，而只能是以提供临时劳务达成合意，因此从双方意思表示的真实意愿出发，应当以认定为劳务关系较为符合双方的真实意思表示，从而贯彻意思自治的基本原则，以符合生活实际。劳务关系对于劳动者与用工单位之间关系的协调，也有利于在保护劳动者权益的同时，适当维护用工单位的正常用工秩序，有利于实现利益平衡。

编写人员：山西转型综合改革示范区人民法院

太原铁路运输法院　张亚琴

11 认定劳动关系时的举证责任分配

【案情简介】

原告陈某于 1989 年 2 月到某行车公寓（承担被告某铁路公司机车乘务员后勤保障工作，由某公寓管理段管理，该公寓管理段是被告某铁路公司的分支机构）工作，每月工资均在公寓管理段会计处领取现金并签字确认。双方之间未订立书面劳动合同，原告工作地点一直在该行车公寓，从事服务员工作。原告于 2008 年 1 月 1 日与第三人大同某公司订立了书面劳动合同，但该公司并未为其缴纳保险。原告上班至 2009 年 4 月 20 日，其称当时行车公寓的领导让其回家。2009 年，被告某铁路公司虽然同意向原告支付经济补偿，但原告认为该数额较少，故双方未能协商一致。之后，原告一直未上班。原告于 2009 年 6 月 9 日达到了法定退休年龄。直至 2015 年 10 月，原告向当地仲裁委申请仲裁，仲裁委于 2015 年 10 月 12 日作出《不予受理通知书》，理由是申请人因超过法定就业年龄，故主体不适格。原告对仲裁结果不服，于 2015 年 10 月 14 日诉至法院。第三人大同某公司主张与原告之间存在劳动关系并提交了劳动合同，原告系由其派遣至被告某铁路公司工作。

【判决结果】

法院认为，当事人对于自己提出的诉讼请求所依据的事实有责任提供证据加以证明，没有证据或证据不足以证明其主张的，由负有举证责任的当事人承担不利后果。原告主张于 1989 年 2 月上班，被告虽然不认可，但其作为用人单位本应当提供原告的入职表等手续，其未能履行上述法定义务造成的不利后果由被告自行承担，故认定原告的入职时间为 1989 年 2 月。在被告未提供原告入职手续和原告陈述于 2009 年 4 月 20 日离开单位不再上班的情况下，认定原告自 1989 年 2 月至 2009 年 4 月 20 日与被告形成事实劳动关系。因原告于 2009 年 6 月已经达到了法定退休年龄，且其在离开单位之后一直未向被告提供任何劳动，故原告要求确认 2009 年 4 月 21 日至今和被告存在劳动关系的请求无据，法院对此不予支持。第三人大同某公司虽于 2008 年曾与原告签订过劳动合同，但原告在签订劳动合同前后无论是在工作地点、工作内容等方面均未发生改变，原告作为劳动者有理由相信其与被告存在劳动关系。第三人虽主张与原告存在劳动关系且月工资由第三人发放给原告，但其未能提供确凿证据予以证明，原告作为劳动者对此并不知晓，故法院对第三人的上述意见不予采纳。根据劳动争议案件法律规定申请仲裁时效期间为 1 年的内容，仲裁时效期间从当事人知道或者应当知道其权利被侵害之日起计算。鉴于原告于 2009 年 4 月 20 日始离开某公寓至 2015 年 10 月申请仲裁长达 6 年一直未向用人单位提供劳动，用人单位在此期间亦不再向原告支付劳动报酬等相关待遇，原告对此已经明确知晓。故法院认定双方在上述期间亦不享有和承担劳动法上的权利义务。鉴于原告在本次仲裁之前一直未向被告主张过任何权益，故法院对于被告提出原告要求支付带薪年休假工资、保险损失费和加班费等项的诉讼请求已经超过诉讼时效的辩称意见予以采信。为此，法院对于原告要求被告支付上述款项的请求不予支持。

【法理分析】

认定劳动关系时的举证责任分配

《关于确立劳动关系有关事项的通知》规定："二、用人单位未与劳动者签订劳动合同，认定双方存在劳动关系时可参照下列凭证：（一）工资支付凭证或记录（职工工资发放花名册）、缴纳各项社会保险费记录；（二）用人单位向劳动者发放的'工作证'、'服务证'等能够证明身份的证件；（三）劳动者填写的用人单位招工招聘'登记表'、'报名表'等招用记录；（四）考勤记录；（五）其他劳动者的证言等。其中，（一）、（三）、（四）项的有关凭证由用人单位负举证责任。"《劳动争议调解仲裁法》第三十九条规定："当事人提供的证据经查证属实的，仲裁庭应当将其作为认定事实的根据。劳动者无法提供由用人单位掌握管理的与仲裁请求有关的证据，仲裁庭可以要求用人单位在指定期限内提供。用人单位在指定期限内不提供的，应当承担不利后果。"因此，从举证能力或证据距离等方面考虑，用人单位的劳动规章、考勤记录、工资表、社会保险费等证据由用人单位单方面制作或保管，劳动者一般没有办法自己举证证明，所以法律将举证责任倒置，由有能力举证的用人单位承担。

具体到本案，原告主张于 1989 年 2 月上班，被告虽然不认可，但其作为用人单位本应当提供原告的入职表等手续，其未能履行上述法定义务造成的不利后果由被告自行承担，故法院认定原告的入职时间为 1989 年 2 月。在被告未提供原告入职手续和原告陈述于 2009 年 4 月 20 日离开单位不再上班的情况下，法院认定原告自 1989 年 2 月至 2009 年 4 月 20 日与被告形成事实劳动关系。该用人单位不认可原告入职时间，根据举证责任倒置原则，用人单位对于员工入职材料具有制作保管能力，劳动者一般无法掌握该方面的证据，因此用人单位在未提供原告入职等相关证据时应承担不利的法律后果。

【典型意义】

劳动争议案件中，虽然劳动者与用人单位在法律上是平等的主体，但劳动者对用人单位有一定的人身依附性，致使用人单位处于强势地位，劳动者普遍处于弱势地位。为了平衡劳动者和用人单位之间的利益，我国劳动立法倾向于对劳动者的保护，以抵消这种实质上的不平等。目前，我国法律并没有专门针对劳动争议案件的系统规定，审理该类劳动争议类案件普遍采用的是民事举证责任的分配原则，即"谁主张谁举证"的一般原则。然而，劳动争议类诉讼与一般民事争议相比有其特殊属性，由于很多证据由用人单位掌握，劳动者往往很难获得或者根本无法获得这些证据材料，完全让劳动者举证证明自己的权利被侵害是不公平的，尤其是劳动关系认定以及劳动关系存续时间，涉及劳动关系双方权利义务的基础问题。《最高人民法院关于审理劳动争议案件适用法律问题的解释（一）》《最高人民法院关于审理劳动争议案件适用法律若干问题的解释（三）》《劳动争议调解仲裁法》都有举证责任倒置的相应规定。因此，法院在审理劳动争议案件时，应根据《劳动合同法》的立法精神和公平原则，按照劳动争议的性质、当事人对证据的控制情况、收集证据能力的强弱等因素，来合理分配举证责任。用人单位也应知晓举证责任倒置的相应规定，按照诚实信用原则主动提供掌握的证据。

编写人员：山西转型综合改革示范区人民法院

太原铁路运输法院　何　翀

12 人民法院对社会保险纠纷案件的受案范围

【案情简介】

原告郝某系被告某铁路公司下属某工务机械段（以下简称工务机械段）职工。2009年原告与被告因劳动关系发生争议诉至法院，同年4月法院作出民事判决书，确定原、被告存在劳动关系，判决被告于本判决生效之日起一个月内按照其应缴纳的比例为原告缴纳养老、医疗保险；判决被告于本判决生效之日起每月为原告发放困难救济款300元。判决后双方不服均提起上诉，二审法院维持原判。在执行中，由于各种原因直至2014年8月被告为原告补交了养老保险，随后又补交了医疗保险。从2014年9月开始，原告领取养老金。2010年1月至2014年8月，原告养老金损失58 238.4元；2010年1月至2014年10月，原告医保损失3 048.81元。从2009年12月至2014年9月，工务机械段已为原告发放困难救济款16 500元。

【判决结果】

法院认为，由于被告未能及时给原告办理养老保险和医疗保险，给原告造成的养老金损失58 238.4元和医保损失3 048.81元，应予赔偿。但在办理养老保险期间，被告已支付原告的困难救济款16 500元，应从损失中扣除，故判决被告某铁路公司赔偿原告郝某养老金和医保损失合计44 787.21元。但原告主张取暖费于法无据，不予支持。

【法理分析】

1. 人民法院应受理的社会保险争议范畴

《最高人民法院关于审理劳动争议案件适用法律若干问题的解释（三）》第一条规定："劳动者以用人单位未为其办理社会保险手续，且社会保险经办机构不能补办导致其无法享受社会保险待遇为由，要求用人单位赔偿损失而发生争议的，人民法院应予受理。"根据上述法律规定，笔者认为，对于用人单位没有为劳动者办理社会保险手续且社会保险经办机构不能办理补交手续导致劳动者无法享受社会保险待遇，由此产生的赔偿损失纠纷，属于人民法院的受案范围。本案中，原告已经于 2009 年年底退休，生效的民事判决书已经确定原、被告存在劳动关系，并判决被告于判决生效之日起 1 个月内按照其应缴纳的比例为原告缴纳养老、医疗保险。但直至 2014 年 8 月，被告才为原告补交了养老保险和医疗保险，2010 年 1 月至 2014 年 8 月期间的养老保险和医疗保险，社保机构已经无法补办，故被告应赔偿原告此期间的养老金损失和医保损失。

2. 关于"社会保险经办机构不能补办"的举证责任的理解

《劳动争议调解仲裁法》第六条规定："发生劳动争议，当事人对自己提出的主张，有责任提供证据。与争议事项有关的证据属于用人单位掌握管理的，用人单位应当提供；用人单位不提供的，应当承担不利后果。"这一条作为专门规定劳动争议案件举证责任的条文，阐释了两层含义：其一，发生劳动争议，当事人对自己提出的主张，有责任提供证明材料，这就以明确的表述肯定了"谁主张谁举证"的举证责任规范说的观点。即劳动争议案件不论是劳动者还是用人单位，对自身提出的主张都负有举证责任。若劳动者或用人单位提出了主张但未能提供证据证明，则原则上应当承担不利的法律后果。其二，与争议事项有关的证明材料属于用人单位掌握的，用人单位应当提供；用人单位不提供的，应当承担不利后果。在争议处理中，如果能够证明待证事实的证据属于用人单位掌握管理的，不论该证据能够证明的事实有利于提出主张的用人单位还是有利于劳动者，用人单位均有义务提供该证据；若用人单位拒不提供，则由其承担不利的法律后果。就本条的举证责任而言，社保经办机构不能补办社保手续是一种法律事实，对于这一法律事实的举证责任，按照有关法理应由劳动者一方承担。但劳动者欲证明这一事实，只有向社保管理部门申领书面证据，而社保管理部门由于种种原因一般不会出具这样的书面材料。如果就此对劳动者加以苛刻的要求，甚至以此作为不予受案的理由，则不利于保护劳动者的合法权益。因此，在这种情况下，只要劳动者能够证明用人单位没有为其办理社会保险手续导致其损失即可，至于证明社保经办机构是否能够补办的举证责任，则不应作为是否受案的标准。如果用人单位能够证明社保经办机构还能够补办，人民法院应不予受理该劳动争议案件，而应告知劳动者向劳动行政部门申请解决。

【典型意义】

《社会保险费征缴暂行条例》规定了社保管理部门征缴社会保险费用的职能，但是，并非能够直接得出凡是涉及社会保险纠纷的所有案件都应由社保管理部门解决。尤其是《劳动争议调解仲裁法》颁布实施之后，社会保险纠纷作为劳动争议已经在立法上明确，如果仍然坚持所有社保纠纷案件均一律不予受理，似乎有违法律规定之嫌。当然，并不能因此得出所有社会保险纠纷案件都可受理的结论。如上所述，法院在处理此类案件时，对于相关政策的掌握和适用毕竟不如社保管理部门专业，且即使法院作出裁决，具体能否办理社保以及具体缴纳社保费用的数额、类型等，均需要社保管理部门依据相关政策予以审核确认，这就很可能导致法院裁判不能实际得到执行。因此，对于涉及社会保险争议纠纷的案件，法院应当有所取有所舍。当劳动者的社会保险问题通过社保管理部门的行政手段和其他管理职能能够予以解决时，司法不宜过多干涉；而当劳动者的社会保障权益遭受侵害且社保管理部门无力解决时，劳动者起诉到人民法院的，人民法院应当予以受理，这既是发挥司法最终裁决权功能的需要，也是从根本上维护劳动者合法权益的需要。

编写人员：山西转型综合改革示范区人民法院

太原铁路运输法院　王　婷

13 法不溯及既往

【案情简介】

原告王某于 1986 年入职被告某铁路公司车辆段。1990 年 2 月，原告因犯盗窃罪被判处有期徒刑，被告某铁路公司车辆段根据《企业职工奖惩条例》及其实施办法的相关规定开除了原告的路籍，并与原告解除劳动关系，但解除劳动关系的通知未送达原告。原告自 1990 年 2 月起，再未到被告处上班，同时被告也停发了原告的工资等职工待遇。2019 年 8 月 5 日，原告申请劳动仲裁，要求依法确认双方劳动关系并支付报酬 50 万元等请求。2019 年 8 月 6 日，劳动争议仲裁委员会以申请人仲裁请求超过仲裁申请时效为由，作出《不予受理通知书》。原告不服，提起民事诉讼，请求依法确认双方劳动关系并支付报酬 50 万元等。

【判决结果】

法院认为，劳动者有劳动的权利和劳动的义务。本案争议的焦点是原告提出仲裁申请的时间是否确已超过仲裁申请期限。原告因触犯刑法被处以刑罚。被告依据当时的相关法律政策，按铁道部文件（82）铁人字〔1068〕号对原告予以开除。原告自认在 1990 年 2 月以后就没有在被告处上过班，也未领到过被告发放的工资，其对因自己被处罚而被开除是明知的。原告直到 2019 年 8 月 5 日才向劳动争议仲裁委员会提出仲裁申请，确已超过仲裁申请期限，又未提交证据证明有不可抗力或者其他正当理由。原告因触犯刑法被判有期徒刑发生于 1990 年，而我国的《劳动法》于 1994 年 7 月 5 日颁布，《劳动合同法》于 2007 年 6 月 29 日颁布，客观上不能以后颁布的法律约束被告开除通知书送达程序。原告主张确认其与被告之间存在劳动关系、要求支付劳动报酬 50 万元、缴纳社会保险费没有事实和法律依据，故依法应予驳回。

【法理分析】

1. 诉讼时效的概念

诉讼时效是指民事权利受到侵害的权利人在法定的时效期间内不行使权利，当时效期间届满时，债务人获得诉讼时效抗辩权。在法律规定的诉讼时效期间内，权利人提出请求的，人民法院可强制义务人履行所承担的义务。而在法定的诉讼时效期间届满之后，权利人行使请求权的，人民法院不再予以保护。

2. 法律溯及力的界定

溯及力也称法律溯及既往的效力，是指法律对其生效以前的事件和行为是否适用。如果适用就具有溯及力，如果不适用就不具有溯及力。就现代法而言，法律一般只能适用于生效后发生的事件和行为，即采取法律不溯及既往的原则。

【典型意义】

当个人权利受到侵害，在私权利领域，法律处于睡眠状态，即所谓不告不理。想要维护自身的合法权利，就要积极主动地去维护自己的权利。当然，法律会给予维护权利的期限。因为法律只能依据接近真相的事实（证据）决断是非，当行使权利的时间越长，就越难决断是非。所以法律不保护躺在权利上睡觉的人。

一般而言，法不溯及既往。案例中的劳动争议发生在《劳动法》和《劳动合同法》颁布之前，不能以未履行《劳动法》和《劳动合同法》规定的解除劳动合同通知书送达程序而认定解除劳动关系不合法。作为劳动者，应知晓这一法律原则，对自身权利义务作出合理预期。

编写人员：山西转型综合改革示范区人民法院

太原铁路运输法院　孙　强

14 仅凭上岗证并不能证明劳动者和用人单位建立了劳动关系

【案情简介】

原告王某原系某石油化工股份有限公司下属的某油库生活区门卫。2002年1月16日，原告到该油库从事门卫工作，月工资600元。2006年1月12日，该公司安排原告在距门卫约50米远铁路道口兼职做看守工作，原告工资因此提高到800元，一直看守道口到2012年底。2007年12月31日，原告与某人力资源服务有限公司签订2年期限的劳动合同，以劳务派遣的形式继续在原岗位工作。2008年6月22日，被告某公司车务段的职工教育科发给原告专用线（铁路）作业人员000825号上岗证；2010年1月6日，发给原告00140号专用线道口看守、监护人员上岗证；2010年7月10日，被告某公司车务段的职工培训基地发给原告101400号专用线道口看守、监护人员上岗证。2010年1月1日，原告与某人力资源服务有限公司签订2年期限的劳动合同。同日，原告与该公司签订2年期限的门卫岗位合同书，明确原告岗位执行综合计算工时工作制。2012年1月1日，原告与某劳务派遣有限责任公司签订2年期限的劳动合同，继续在门卫工作，执行综合计算工时工作制。原告因确认劳动关系、最低工资差额、加班费、社会保险等事宜，于2016年10月17日对被告某公司车务段在当地劳动争议仲裁委员会申请仲裁，该委于2016年10月20日以不符合受理条件为由，作出《不予受理通知书》。原告不服仲裁结果，向法院提起诉讼。

【判决结果】

法院认为，原告、被告之间不存在劳动关系，原告基于劳动关系主张的诉讼请求没有法律基础，依法应予驳回。

【法理分析】

本案双方当事人争议的焦点系原告是否与被告之间存在劳动关系。被告方按照铁路道口安全管理的有关规定，培训道口看护人员，发放上岗证。上岗证仅是一种安全教育的合格证书，不是工作证，不能证明原告与被告某公司车务段之间存在劳动关系。且原告与被告之间多年来不存在相互间的劳动方面的权利、义务关系，原告未在被告某公司车务段劳动，看护的道口产权单位非被告。被告某公司车务段未给原告支付过工资，也未对原告进行过考勤等劳动管理，故原告、被告之间不存在劳动关系。

【典型意义】

劳动者和用人单位应正确认识上岗证的性质。上岗证是认定劳动关系的一项凭证，但仅凭一张上岗证不能证明劳动者和用人单位之间建立了劳动关系，具体还应结合用人单位与劳动者之间是否存在人身及财产的依附关系进行判断。本案中，上岗证仅是一种安全教育的合格证书，而建立劳动关系必须存在相互间的劳动方面的权利、义务关系，用人单位需向劳动者支付工资、为劳动者缴纳社会保险、对劳动者进行考勤、与劳动者签订劳动合同等，劳动者需接受用人单位管理、在用人单位实际劳动等。

编写人员：山西转型综合改革示范区人民法院

太原铁路运输法院　孙　强

15 社会保险缴费争议申请仲裁的时效及是否属于法院受案范围的分析

【案情简介】

王某称 2006 年 10 月通过甲公司旗下 A 公寓员工邵某介绍入职甲公司，每月上班期间由 A 公寓管理员刘某记录考勤，每月工资均在 A 公寓管理部门会计处领取现金并签字确认。双方之间未订立书面劳动合同。王某的工作地点一直在 A 公寓，从事服务员工作。王某曾于 2008 年 1 月 1 日和 2009 年 1 月 1 日与劳务派遣公司订立了两次书面劳动合同，该公司并未为王某缴纳保险。王某上班至 2011 年 1 月，当时 A 公寓的领导让其回家休息。2015 年 8 月、9 月和 2016 年 1 月，王某分别向当地仲裁委申请仲裁和向当地法院提起诉讼，要求支付解除劳动合同赔偿金及支付 2006 年 10 月至 2011 年 1 月欠缴社会保险损失费等多项请求。法院依法驳回其诉讼请求。王某不服法院判决申请再审，上级法院依法裁定驳回了王某的再审申请。2017 年 3 月 16 日，王某再次向当地劳动人事争议仲裁委员会申请仲裁，该仲裁委员会出具了《不予受理通知书》，理由是申请人的仲裁请求超过了仲裁申请时效。后王某再次提起诉讼，在审理过程中，王某向法院提交了 2015 年 12 月和 2016 年法院出具的判决书 2 份和裁定书 1 份。

【判决结果】

法院认为，当事人对于自己提出的诉讼请求所依据的事实有责任提供证据加以证明，没有证据或证据不足以证明其主张的，由负有举证责任的当事人承担不利后果。因法院出具的生效判决已经认定王某与 A 公寓自 2006 年 10 月入职至 2011 年 1 月形成事实劳动关系。在此期间，A 公寓和王某均应当依法缴纳社会保险。根据劳动争议案件适用法律规定申请仲裁时效期间为一年，仲裁时效期间从当事人知道或者应当知道其权利被侵害之日起计算。鉴于王某直至 2017 年 3 月要求支付 2006 年 10 月至 2011 年 1 月养老、医疗、失业、工伤等五项社会保险金，该项诉讼请求确实已经超过法律规定诉讼时效。鉴于王某系城镇居民，虽然存在未交养老、医疗、失业等社会保险的情形，但该项请求亦不属于劳动争议案件的审理范围。故法院对于 A 公寓的辩称意见予以采信。为此，法院对于王某要求支付 2006 年 10 月至 2011 年 1 月养老、医疗、失业、工伤等五项社会保险金的诉讼请求不予支持。综上所述，依据《劳动争议调解仲裁法》第二十七条、《最高人民法院关于民事诉讼证据的若干规定》第二条的规定，判决驳回原告王某的诉讼请求。

【法理分析】

1. 关于本案是否已超过申请劳动仲裁的时效期间

《劳动争议调解仲裁法》第二十七条第一款、第二款规定："劳动争议申请仲裁的时效期间为一年。仲裁时效期间从当事人知道或者应当知道其权利被侵害之日起计算。前款规定的仲裁时效，因当事人一方向对方当事人主张权利，或者向有关部门请求权利救济，或者对方当事人同意履行义务而中断。从中断时起，仲裁时效期间重新计算。"

本案王某于 2011 年被公司辞退，2015 年 8 月第一次提出仲裁申请主张自己的权利，这两个时间点间隔的期间超过了《劳动争议调解仲裁法》所规定的一年申请仲裁时效期间。而王某作为具有民事行为能力的独立个体，被辞退后其应当知道自己的权利被用人单位侵害，理应及时主张权利。故认定超过申请仲裁时效期间是符合客观实际的。

2. 关于本案是否属于法院审理劳动争议的受理案件范围

司法实践中主要存在以下几种争议：第一，劳动者要求用人单位补办社会保险争议，包括要求足额补交引发的争议，即社会保险缴费争议。第二，因用人单位未办理社会保险而导致劳动者遭受工伤待遇、失业待遇、生育待遇、养老待遇及医疗待遇损失的，即社会保险待遇争议。第三，劳动者与社会保险经办机构因发放数额引发的争议，即社会保险发放争议。

审判实践中，各地劳动仲裁委员会、法院对要求支付社会保险待遇（上述第二种争议）基本上是按劳动争议处理的。而上述第一种和第三种情况，实践中基本上认为不属于劳动争议受案范围，一般不予受理。各地法院根据上述规定认为，社会保险的征缴、发放应属于行政机关的行政职责，司法权不应对社会保险的征缴、发放进行处理，否则，有司法干预行政的越权嫌疑。

另外，法律也规定了用人单位补缴或不足额缴纳社会保险的强制责任。《社会保险法》第八十四条规定："用人单位不办理社会保险登记的，由社会保险行政部门责令限期改正；逾期不改正的，对用人单位处应缴社会保险费数额一倍以上三倍以下的罚款，对其直接负责的主管人员和其他直接责任人员处五百元以上三千元以下的罚款。"第八十六条规定："用人单位未按时足额缴纳社会保险费的，由社会保险费征收机构责令限期缴纳或者补足，并自欠缴之日起，按日加收万分之五的滞纳金；逾期仍不缴纳的，由有关行政部门处欠缴数额一倍以上三倍以下的罚款。"

综上，本案不属于法院审理劳动争议的受理案件范围。

【典型意义】

本案对于劳动者在用人单位未缴纳社会保险的情形中合理维护自身权益有借鉴意义。如何具体判断当事人"知道或应当知道"的时间起点？"知道"即指权利人了解权利被侵害事实，可以开始请求相关部门保护其民事权利，这一规定从民法意思自治的精神出发，完全有效地维护了权利人的合法权益。"应当知道"则是一种法律上的推定，不论当事人事实上是否知道权利受侵害，只要从客观上存在知道的条件和可能性，即使权利人由于主观过错应当知道而没有知道其权利受到侵害，也应当作为诉讼或者仲裁时效的起算点。这一规定是前一规定的补充，是为了防止权利人的权利被滥用，借口不知道权利被侵害而规避诉讼、仲裁时效。

另外，对于社保争议是否属于法院受理劳动争议的受案范围这个问题，不能一概而论。社会保险涉及三方当事人，即劳动者、用人单位和社会保险经办机构。从争议内容看，可分为待遇争议、缴费争议和发放争议；从法律关系看，既涉及用人单位与劳动者之间的私法关系，也涉及社会保险经办机构与用人单位之间的公法关系，所以社保争议是否属于法院受理劳动争议受案范围，需要具体问题具体分析。

编写人员：山西转型综合改革示范区人民法院

太原铁路运输法院　阎　冬

16 劳动者因企业转型改制成为劳务派遣工仍可依据实际工作情况认定与原企业形成事实劳动关系

【案情简介】

韩某于 1989 年 1 月到某铁路公司所属的某公寓管理段（2013年 12 月取得营业执照）管理的某公寓工作，岗位为服务员。其每月工资均在某公寓管理段的会计处领取现金并签字确认，但双方一直未订立书面劳动合同，韩某的工作地点也一直未发生变更。此后，铁道部进行改革，铁路上所有的辅助岗位均归到劳务派遣。因此，自 2008 年起，某铁路公司与某劳务派遣公司（2008 年开始从事劳务派遣业务，但一直未办理行政许可手续）签订了多份劳务合作协议，约定由某劳务派遣公司派遣的劳动人员担任某公寓管理段安排的工作，并约定了工资支付标准及支付方式、支付周期等。同时，韩某也于 2008 年 1 月 1 日与某劳务派遣公司订立了书面劳动合同，但合同签订后某劳务派遣公司并未为韩某缴纳保险。2009 年 4 月，某铁路公司某公寓管理所（后更名为某公寓管理段）与韩某签订了协商解除劳动合同协议书，主要内容为双方于 1989 年 1 月建立劳动关系，经协商一致自愿解除劳动关系。同年，韩某领取了解除劳动合同的经济补偿金。2015 年 12 月，韩某申请劳动仲裁。仲裁委员会以超过仲裁申请时效为由对其申请不予受理。韩某不服，向某区人民法院提起诉讼，请求确认与某铁路公司自 1987 年 10 月至 2009 年 4 月 20 日之间存在劳动关系，并要求某铁路公司与某劳务派遣公司共同向其支付双倍工资差额、经济补偿金、养老保险损失、医疗保险损失、加班费、带薪年休假工资等多项费用。

【判决结果】

一审法院认为，首先，韩某与某公寓管理所于 2009 年 4 月所签订的解除劳动合同协议书载明了双方劳动关系的建立时间为 1989 年 1 月。该时间与韩某主张的入职时间虽不相符，但韩某未能提交相反证据进行反驳。某铁路公司也未能提交相反证据进行反驳。其次，虽然某劳务派遣公司在 2008 年与韩某签订了劳动合同，但韩某的工作地点、工作内容自 1989 年以来一直未发生改变，某铁路公司也未与韩某解除劳动关系。同时，某劳务派遣公司也未提供工资表等相关证据对工资发放的情况予以证明，韩某对于工资发放主体并不知晓。综上，一审法院确认韩某与某铁路公司于 1989 年 1 月至 2009 年 4 月 20 日期间存在劳动关系。关于韩某提出的要求某铁路公司与某劳务派遣公司向其支付年休假工资、保险损失费、加班费等诉讼请求，由于韩某 2009 年 4 月离开某公寓管理所并领取经济补偿金距离其 2015 年 12 月申请劳动仲裁已长达 6 年，超过了一年的仲裁申请时效，故对上述款项的请求法院不予支持。此后，某铁路公司提起上诉。

二审法院认为，一审法院综合韩某的实际工作情况认定其与某铁路公司于 1989 年 1 月至 2009 年 4 月 20 日期间存在劳动关系并无不当。关于某铁路公司主张的其并非本案适格主体的上诉理由，二审法院认为某公寓管理段虽然在 2013 年 12 月 29 日领取了分支机构营业执照，具备了用人单位资质，但由于韩某在 1989 年就入职某铁路公司，二者也并未就用人主体的变更达成一致意见，且某公寓管理段的营业执照领取时韩某与某铁路公司的劳动存续关系已结束，故对该上诉理由不予支持。综上，二审判决驳回上诉，维持原判。

【法理分析】

1. 在未签订劳动合同的情况下，劳动关系的认定可按照原劳动和社会保障部《关于确立劳动关系有关事项的通知》（劳社保发〔2005〕12 号）中所确定的原则加以判定

劳动关系是劳动者与用人单位在劳动用工过程中形成的稳定的社会关系。在未签订劳动合同的情况下，劳动关系的认定可依据《关于确立劳动关系有关事项的通知》中所确定的原则加以判定。即主体是否适格、有无劳动管理、有无工资支付、是否提供劳务内容等。此外，还需要参考是否具有社保缴费记录、是否具有"工作证"等身份证件、是否留存招聘记录、是否进行考勤登记等能够证明曾经付出劳动的相关凭证。

具体到本案，自 1989 年 1 月起，韩某就一直在某公寓从事服务员工作，工资也在某公寓管理段会计处领取。尽管在 2008 年韩某与某劳务派遣公司订立了劳动合同，但其工作内容与工作地点一直未发生变更。在某铁路公司并未举证证明其与韩某解除劳动关系，劳务派遣公司也未举证证明其为韩某发放工资、缴纳保险，而韩某则向法庭提交了工服、工作牌照片和证人证言等书证的前提下，法院最终确认了韩某与某铁路公司的事实劳动关系成立。

2. 劳务派遣关系的成立应当以用人单位、用工单位、劳动者确知三方彼此存在，并对劳动力使用权的让渡这一情况有共同认知为前提

从学理上讲，劳务派遣是劳务派遣单位（用人单位）将劳动力使用权让渡与接收单位（用工单位），因此劳动者应对该种权利让渡处于明知状态。劳务派遣用工包含以下法律关系：（1）劳务派遣单位与劳动者签订劳动合同，建立劳动关系；（2）劳务派遣单位与用工单位签订劳务派遣协议，约定岗位、人数等相关内容；（3）被派遣劳动者与用工单位之间无直接的合同关系，其权利义务来源于法律的规定。总体而言，劳务派遣单位、接受单位、劳动者，三方间应确知彼此的存在，并对劳务派遣单位将劳动力使用权让渡于接受单位这一情况存有统一认知。

就本案而言，虽然某铁路公司与某劳务派遣公司自2008年开始就签订了多份劳务合作协议，某劳务派遣公司也与韩某在2008年1月1日订立了劳务派遣合同，但铁路公司并未与韩某解除劳动合同关系，劳务派遣公司也未为韩某缴纳保险，未就工资的发放予以证明，故无法认定韩某与劳务派遣公司之间成立劳动关系。此外，韩某与某劳务派遣公司签订劳动合同前后，其工作地点、工作内容等方面均未发生改变，韩某对工资发放主体亦不知情，因此，无法认定韩某对劳务派遣公司将劳动力使用权让渡于某铁路公司这一情况有清晰的认知。故在此情况下，法院认定韩某与某铁路公司之间并非劳务派遣关系。

3. 确认劳动关系是否受到一年仲裁时效的限制，司法实践有不同的认识

《劳动争议调解仲裁法》第二十七条第一款规定："劳动争议申请仲裁的时效期间为一年。仲裁时效期间从当事人知道或者应当知道其权利被侵害之日起计算。"根据这一规定，确认劳动关系是否受仲裁时效的限制，在实践中有两种截然相反的意见。

第一种意见认为，不受仲裁时效的限制。诉讼时效的适用范围仅限于请求权。确认劳动关系系确认之诉，属于形成权，不适用诉讼

时效的规定。确认劳动关系是对劳动者与用人单位是否存在劳动关系的确认，根据民法理论，确认之诉不受时效限制。实践中持此类意见的包括北京、苏州等地的法院。第二种意见认为，确认劳动关系也不能脱离劳动争议。既然劳动争议有一年仲裁时效期间的规定，确认劳动关系也应受一年仲裁时效期间限制。既然《劳动争议调解仲裁法》第二条"因确认劳动关系发生的争议"适用本法，此类争议就应当按照该法第二十七条的规定适用一年的仲裁时效。实践中持此类意见的包括广州、天津、吉林、江西等多地的法院。而上海、浙江、江苏、四川、山东、广东等地的法院对此暂无统一的认识。

本案的纠纷发生地在北京，尽管北京未通过文件的形式对确认劳动关系之诉是否适用一年的仲裁时效进行明确，但北京各地法院对此的认识较为统一，均认为此类案件不适用仲裁时效。因此，尽管距离韩某离开某公寓至其申请劳动仲裁已长达 6 年之久，但法院依然依据实际工作情况确认了其与某铁路公司存在劳动关系；对于韩某所主张的年休假工资、保险损失费、加班费等诉讼请求，因已超过一年的仲裁时效，因此最终未获得支持。

【典型意义】

在我国的企业改制过程中，职工安置是一个不可回避的问题。如何妥善处理这一过程中产生的劳动纠纷一直是司法实践中关注的重点及难点。

2008 年 1 月 1 日，《劳动合同法》正式实施。该法第一次以法律的形式对劳务派遣制度作出了明确规定。由于劳务派遣制度有减少企业运营成本、降低用工风险及弥补公司正式编制不足的优点，故在国企改革、政企分离等政策的推行过程中成为解决职工安置问题的一种常见方式。对于此类职工，用人单位通常将其看作本单位的"临时工"，不与其签订劳动合同，同时劳动者应当享有的劳动报酬、工作时间、休息休假、保险福利等权益也往往无法保障。在企业改制转型过程中，此类职工由"临时工"转为劳务派遣工，并与劳务派遣公司签订劳动合同，形成新的劳动关系。但事实上，对于劳务派遣关系的本质，劳动者并没有清晰的认识，而且由于工作内容和工作地点并未发生变化，劳动者会认为自己与原单位仍然保持劳动关系。在此情况下，如果发生劳动纠纷，劳动者往往会以原单位为被申请人申请劳动仲裁，而解决纠纷的第一步就是对劳动关系是否成立进行认定。

关于劳动关系的认定，《关于确立劳动关系有关事项的通知》作出了明确规定。这一规定的出台为司法实践审理此类案件指明了方向。本案生效判决正是从用人单位主体资格、劳动者的工作内容、工作地点、工资发放情况等实际工作情况出发，认定韩某与某铁路公司之间形成了事实劳动关系。同时，该劳动关系不会因为劳动者与劳务派遣公司另行签订了劳动合同就自行终止，除非劳动者已对劳务派遣涉及的法律关系有充分的了解，且劳务派遣符合相关规定。本案的处理结果取得了较好的社会效果和法律效果，对未签订劳动合同情况下的劳动关系认定案件，以及企业改制过程中用人单位通过劳务派遣方式易主劳动关系的案件具有重要的参考价值。

编写人员：中吕律师事务所　王　静　李正尧

17 当事人仅提供证人证言的，无法认定事实劳动关系

【案情简介】

王某 1998 年 2 月开始在某工区担任炊事员。2006 年该工区合并到某铁路公司所属的某工务段，但双方未签订劳动合同。2019 年 3 月，王某被通知解除双方间的劳动关系。王某不服遂申请劳动仲裁，请求某工务段支付其各种补偿。仲裁委员会于 2020 年 6 月 29 日裁决某工务段支付王某经济补偿 32 250 元，驳回王某的其他仲裁请求。此后，某工务段不服该裁决，以其伙食团业务自 2016 年 7 月 1 日至 2019 年 12 月 31 日分别由另外三家公司进行承揽，与王某之间不存在劳动关系为由诉至法院。

【判决结果】

一审法院认为，双方对于王某从事炊事工作的时间和经历均无异议，某工务段提供的伙食承揽协议、外包合同等证据仅能证明其伙食团业务外包的事实，并不能证明双方劳动合同关系发生转移，而且就某工务段提供的健康证明来看，伙食团外包期间王某仍然在以某工务段的名义从事炊事员工作。综上，一审法院认定 1998 年 2 月至 2019 年 3 月王某与某工务段存在事实劳动关系，判决某工务段于判决生效之日起 10 日内给付王某经济补偿款 32 250 元（21.5 月 ×1 500 元）。某工务段不服一审判决，向二审法院提出上诉。

二审法院认为，由于某工务段认可王某于 2012 年 4 月至 2016 年 7 月在其单位工作，故对该时间段双方存在劳动关系予以认可，某工务段应当支付王某在此期间的经济补偿金 6 750 元。关于 2012 年 4 月之前王某的工作情况，因其只提供了证人证言，而没有工资发放、考勤记录等更为直接的证据予以佐证，故对该时间段的劳动关系未予以支持。2016 年 7 月之后，因某工务段提供了伙食团承揽协议等相关证据证明其存在劳务外包的情形，而具体用工的情况，因相关外包单位未列入本案而无法查清，遂告知王某可另行主张。综上，二审法院判决撤销一审判决，判决某工务段于本判决生效之日起 10 日内给付王某经济补偿款 6 750 元。

【法理分析】

1. 在未签订劳动合同的情况下，劳动关系的认定可按照原劳动和社会保障部《关于确立劳动关系有关事项的通知》所确定的原则加以判定

在未签订劳动合同的情况下，劳动关系的认定问题，《关于确立劳动关系有关事项的通知》第一条、第二条分别就应认定事实劳动关系成立的情形以及认定事实劳动关系时应参考的证据予以明确规定，上述规定也在司法审判实践中被广泛适用。

具体到本案，对于 2012 年 4 月之前王某的工作情况，因其只提供了证人证言，而没有工资发放、考勤记录等更为直接的证据予以佐证，故对该时间段内王某与某工务段是否存在劳动关系难以认定。对于 2016 年 7 月之后，因某工务段提供了伙食团承揽协议等相关证据，证明其存在劳务外包的情形，而具体用工的情况因相关外包单位未列入本案而无法查清。因此，法院依据《关于确立劳动

关系有关事项的通知》确立的原则认定 2012 年 4 月之前及 2016 年 7 月之后王某与某工务段之间不存在劳动关系。

2. 关于经济补偿金的确定

《劳动合同法》第四十七条第一款规定："经济补偿按劳动者在本单位工作的年限，每满一年支付一个月工资的标准向劳动者支付。六个月以上不满一年的，按一年计算；不满六个月的，向劳动者支付半个月工资的经济补偿。"具体到本案，鉴于某工务段认可王某于 2012 年 4 月至 2016 年 7 月在其单位工作，故法院认可王某在某工务段工作年限为 4 年 4 个月，其应当支付的经济补偿为 4.5×1500元 =6 750 元。

【典型意义】

在用人单位与劳动者没有书面劳动合同的情况下，认定双方是否存在事实劳动关系一直是人民法院审理的难点。仅凭证人证言是否可以证明双方存在事实劳动关系？本案一审法院仅依据证人证言即认定劳动者和用人单位存在劳动关系。二审法院则严格按照《关于确立劳动关系有关事项的通知》的规定对此进行了纠正，认定劳动者仅提供证人证言而没有工资发放、考勤记录等更为直接的证据作为佐证，无法证实劳动者和用人单位之间存在劳动关系。本案的审理对于未签订劳动合同的劳动者如何举证证明与用人单位之间存在劳动关系，以及法院处理未签订劳动合同时劳动关系的确定这类案件具有参考价值。

编写人员：中吕律师事务所　梁晋阳

18 对事实劳动关系的认定应综合考量

【案情简介】

李某自述其于 1999 年 2 月 28 日到某铁路局工务段下属工区职工食堂担任炊事员，承担十几个以上工人的一日三餐炊事员工作二十多年，月工资从 150 元逐步涨到 1 500 元，没有节假日。2019 年 5 月上旬，车间领导赵某电话通知其停止工作并于 5 月 31 日停发了其工资，另雇人替代了其岗位。同年 11 月 11 日，李某向某市劳动仲裁委提出申请，请求：裁决李某与某铁路局工务段之间存在劳动关系；继续履行劳动合同，并对李某进行离岗职业健康检查，享受职工待遇；补发拖欠克扣李某低于省最低工资标准的差额 36 000 元及双倍工资 207 400 元。后某市劳动仲裁委作出仲裁裁决书，以李某证据不足为由驳回了其仲裁请求。李某于 2020 年 1 月 15 日收到裁决书后，不服该仲裁裁决并于 2020 年 2 月 10 日向法院提起诉讼。

【判决结果】

一审法院认为，关于李某的诉求能否得到支持，参照《关于确立劳动关系有关事项的通知》第二条的规定，李某与某铁路局工务段之间未签订劳动合同，李某所举证据也不足以证明其系某铁路局工务段直接招用，且李某所举证据不足以证明其工资系某铁路局工务段发放，双方不具有劳动关系的特征，故李某要求确认与某铁路局工务段之间存在劳动关系的诉求，证据不足，法院不予支持，以此为基础的其他诉求亦不能得到支持，故判决驳回李某的全部诉讼请求。

二审法院认为，本案争议的焦点是李某与某铁路局工务段之间是否成立事实劳动关系。李某与某铁路局工务段之间未签订劳动合同；李某的工资系由第三方发放，与某铁路局工务段并无直接关联。李某也未能提供其他有效证据证明其与某铁路局工务段成立事实劳动关系。李某举证不足，一审法院的认定并无不当，故判决驳回上诉，维持原判。

【法理分析】

1. 准确把握劳动关系的特征

《关于确立劳动关系有关事项的通知》规定："一、用人单位招用劳动者未订立书面劳动合同，但同时具备下列情形的，劳动关系成立。（一）用人单位和劳动者符合法律、法规规定的主体资格；（二）用人单位依法制定的各项劳动规章制度适用于劳动者，劳动者受用人单位的劳动管理，从事用人单位安排的有报酬的劳动；（三）劳动者提供的劳动是用人单位业务的组成部分。二、用人单位未与劳动者签订劳动合同，认定双方存在劳动关系时可参照下列凭证：（一）工资支付凭证或记录（职工工资发放花名册）、缴纳各项社会保险费的记录；（二）用人单位向劳动者发放的'工作证'、'服务证'等能够证明身份的证件；（三）劳动者填写的用人单位招工招聘'登记表'、'报名表'等招用记录；（四）考勤记录；（五）其他劳动者的证言等。其中，（一）、（三）、（四）项的有关凭证由用人单位负举证责任。"

根据上述规定，从劳动者与用人单位关系的角度考虑，劳动关系具有人格从属性、经济从属性和组织从属性的特征。关于人格从属性，劳动者在从事劳动的过程中，受用人单位的指挥、命令、监督，用人单位可指示、决定劳动者的工作时间、地点、数量及强度等，对劳动者有控制权和惩戒权；劳动者须服从用人单位的指示命令，在提供劳动时必须遵从用人单位的工作安排，遵守用人单位的劳动秩序。关于经济从属性，从经济地位而言，劳动者通过向用人单位提供劳动而获得劳动报酬；从生产经营而言，劳动者并非为自己的营业提供劳动，而是从属于用人单位，为用人单位劳动，经营风险由用人单位承担。关于组织从属性，劳动者的劳动是用人单位经营的组成部分，是用人单位生产组织的一个环节。

2. 对事实劳动关系的认定应从多方面进行综合考量

在没有劳动合同的情况下，用人单位和劳动者之间是否存在劳动关系应当结合双方权利义务的履行情况并从双方是否存在人格从属性，经济从属性，劳动者是否实际受用人单位的管理、指挥或者监督等方面进行综合考量。如用人单位是否向劳动者支付劳动报酬，劳动者付出劳动是否属用人单位业务的组成部分或者劳动者是否实际接受用人单位的管理约束，用人单位是否向劳动者发放"工作证"或"服务证"等身份证件，或劳动者是否填写"登记表""报名表"，用人单位是否允许劳动者以用人单位员工的名义工作等。

具体到本案，首先，某铁路局工务段并未对李某的劳动工作进行安排。某铁路局工务段提供证据证明其伙食业务自 2016 年 7 月 1 日至 2019 年 12 月 31 日分别由某劳务分包公司、某餐饮公司、某企业管理公司承揽，其没有必要另行聘请炊事员。某铁路局工务段又提供李某与某餐饮公司签订的《就餐供应协议》，协议书明确约定李某为某餐饮公司指定的人员提供一日三餐服务，是某餐饮公司承揽了某铁路局工务段伙食业务，又交由李某完成。其次，李某的工资并非由某铁路局工务段发放。根据李某提供的借记卡账户历史明细清单，给李某转账的是某餐饮公司业务负责人，即为李某支付劳动报酬的单位为某餐饮公司，与某铁路局工务段并无直接关联。虽然李某提供了健康证明卡，该卡由某铁路局工务段本系统铁路卫生防疫部门发放，背面载明某铁路局工务段，李某以此证明健康证明卡相当于某铁路局工务段发放的上岗合格证、工作证、服务证。但健康证明卡与用人单位向劳动者发放"工作证"或"服务证"等身份证件还有所区别，其并不能直接证明李某属于某铁路局工务段所聘用的劳动者。李某也未能提供其他有效证据证明其与某铁路局工务段成立事实劳动关系。综上，双方不具有劳动关系的特征，不存在事实劳动关系。

【典型意义】

劳动者与用人单位是否存在事实劳动关系的认定结果，对于劳动者是否能够维护其合法权利具有重要意义。事实劳动关系欠缺有效书面合同这一形式要件，属于一种不规范的劳动关系。出于构建用人单位与劳动者之间和谐用工关系，规范企业用工行为、保护劳动者合法权益的考虑，应当对事实劳动关系结合案件事实综合作出认定。

本案生效判决根据双方提供的证据资料，从劳动者与用人单位关系的角度考虑，着重审查其是否符合劳动关系的特征，结合案件事实认定劳动者的工资系由第三方发放，且依据现有证据不能确认双方成立事实劳动关系。法院在判决中就案件双方是否符合劳动关系的特征进行阐述，在事实劳动关系认定案件中具有参照价值。另鉴于用人单位与劳动者在地位上的差距，劳动者在工作期间，应注意对用工记录、工资发放等证据采集，避免诉讼中取证困难。

编写人员：中吕律师事务所　　郑　磊

19 劳动争议仲裁前置案件的诉讼时效与仲裁时效

【案情简介】

王某于 1986 年入职某铁路单位。1990 年 2 月，王某因犯盗窃罪被判处有期徒刑，其所在单位根据《企业职工奖惩条例》《〈企业职工奖惩条例〉铁路实施办法》的相关规定开除了王某的路籍，与王某解除了劳动关系，但解除劳动关系的通知未送达王某。王某自 1990 年 2 月起，再未到某铁路单位上班，同时该单位也停发了王某的工资等职工待遇。2019 年 8 月 5 日，王某申请劳动仲裁，要求：（1）依法确认其与某铁路单位之间存在劳动关系；（2）某铁路单位支付王某在劳动关系存续期间应获得的劳动报酬；（3）某铁路单位支付王某入职至今单位应缴纳的社会劳动保险费，并补办社会保险手续；（4）依法支持王某因某铁路单位的过错造成的人事档案丢失所造成的损失。2019 年 8 月 6 日，劳动人事争议仲裁委员会以"申请人的仲裁请求超过仲裁申请时效"为由，作出《不予受理通知书》。随后，王某以同样的诉求向法院提起诉讼。

【判决结果】

一审法院判决驳回其诉讼请求，王某不服，提起上诉。

二审法院认为，王某因触犯刑法被处以刑罚，某铁路单位依据当时的相关法律政策及文件对王某予以开除。王某自认在 1990 年

2月以后就没有在某铁路单位处上过班，也未领到过某铁路单位发放的工资，其对因自己被处刑罚而被开除是明知的。王某直到2019年8月5日才向劳动人事争议仲裁委员会提出仲裁申请，确已超过了仲裁申请期限，一审法院认定王某的起诉已经过了时效，认定准确，应予以维持。王某要求某铁路单位支付因档案丢失造成的损失10万元，其未提交充分证据证实其具体损失及数额，故对此主张不予支持。王某的上诉没有事实和法律依据，依法判决驳回上诉，维持原判。

【法理分析】

劳动争议仲裁前置的诉讼案件，应如何适用时效？

劳动争议仲裁前置的诉讼案件在考虑诉讼时效之前，首先需要考虑其仲裁时效，即法律规定的允许当事人为维护自己的合法权益，向仲裁机构申请仲裁的法定期间。

《劳动争议调解仲裁法》第二十七条规定："劳动争议申请仲裁的时效期间为一年。仲裁时效期间从当事人知道或者应当知道其权利被侵害之日起计算。前款规定的仲裁时效，因当事人一方向对方当事人主张权利，或者向有关部门请求权利救济，或者对方当事人同意履行义务而中断。从中断时起，仲裁时效期间重新计算。因不可抗力或者有其他正当理由，当事人不能在本条第一款规定的仲裁时效期间申请仲裁的，仲裁时效中止。从中止时效的原因消除之日起，仲裁时效期间继续计算。劳动关系存续期间因拖欠劳动报酬发生争议的，劳动者申请仲裁不受本条第一款规定的仲裁时效期间的限制；但是，劳动关系终止的，应当自劳动关系终止之日起一年内提出。"

劳动争议仲裁前置的诉讼案件，仲裁是诉讼的必经程序。因此，该类劳动争议案件的诉讼时效与仲裁时效是有联系的，劳动争议案件的诉讼时效寓于仲裁时效之中。笔者认为，对于劳动争议仲裁前置的诉讼案件，应当认为《劳动争议调解仲裁法》规定的仲裁时效就是劳动争议案件的诉讼时效。

《最高人民法院关于审理劳动争议案件适用法律若干问题的解释（一）》第三条"劳动争议仲裁委员会根据《劳动法》第八十二条之规定，以当事人的仲裁申请超过六十日期限为由，作出不予受理的书面裁决、决定或者通知，当事人不服，依法向人民法院起诉的，人民法院应当受理；对确已超过仲裁申请期限，又无不可抗力或者其他正当理由的，依法驳回其诉讼请求"的规定表明在劳动争议诉讼中人民法院可以主动审查仲裁时效。

具体到本案，王某自1990年2月以后就没有在某铁路单位上过班，也未领到过某铁路单位发放的工资，其明知自己被处刑罚而被开除。王某直到2019年8月5日才向劳动人事争议仲裁委员会提出仲裁申请，明显已超过了仲裁申请期限。某铁路单位在仲裁阶段和诉讼阶段均提出了时效抗辩，仲裁委员会和法院均依法采纳了某铁路单位的抗辩意见。

【典型意义】

劳动争议诉讼案件存在仲裁时效与诉讼时效两个概念。有观点认为，劳动争议仲裁前置案件的仲裁时效，是当事人因劳动争议纠纷要求保护其合法权利，须在法定的期限内向劳动争议仲裁委员会提出申请，否则法律规定消灭其申请仲裁权利的时效制度。劳动者如果未在法定仲裁时效内申请仲裁，消灭的只是仲裁权利，并不是诉讼权利。申请人的诉讼属民事法律范畴，应适用三年诉讼时效，而不是适用劳动仲裁时效。

对于该观点，本案的判决给出了明显驳斥。即对于劳动争议仲裁前置的诉讼案件应当认为《劳动争议调解仲裁法》规定的仲裁时效就是劳动争议案件的诉讼时效，人民法院在处理劳动争议案件时，诉讼时效不应适用《民法典》中三年诉讼时效的一般规定，而应适用《劳动争议调解仲裁法》中关于仲裁时效一年的规定。本案的处理，对劳动争议诉讼案件关于时效的适用问题具有一定的意义。

编写人员：中吕律师事务所　李荣祥

20 劳务外包发包方与外包人员劳动关系的认定

【案情简介】

武某系某保洁服务部员工，其自述从 1985 年在某车间以"临时工"身份工作。2009 年 8 月 31 日，该车间整建制划归某铁路公司下属某旅游公司管理，所附人员名单并无武某。武某于 2014 年向市劳动争议仲裁委员会提出仲裁申请，该委作出不予受理决定后，武某诉至人民法院，要求判令补偿其双倍工资、补发加班费并与某铁路公司签订无固定期限劳动合同。

【判决结果】

一审法院认为，某旅游公司在接收某车间人员名单中无原告名字，武某未提供相关证据证明该旅游公司为其发放工资，也不能证明该旅游公司对武某进行管理和监督，故不能确认武某与该旅游公司之间存在劳动关系。武某不服提起上诉，请求改判其与某铁路公司存在事实劳动关系。

二审法院认为，武某虽自述从 1985 年就已经在某车间工作，但根据现有证据，2009 年 8 月 31 日该车间整建制划归某旅游公司管理时，所附人员名单中并无武某，该旅游公司与其上级单位某铁路公司也否认武某在其公司工作并为其发放工资，故武某与该旅游公司之间不存在劳动关系。铁路公司提交的《委外保洁承揽合同》、银行付款凭证及发票等证据，证明武某等人从事业务系外包某保洁服务部，该保洁服务部亦认可武某系其员工，与其存在劳动关系，并由该部对武某进行管理并发放工资。因此，二审法院以现有证据不能证明武某与某铁路公司之间存在劳动关系为由，判决驳回武某上诉，维持一审判决。

【法理分析】

1. 通常情况下，劳务外包发包方与劳务外包人员不存在劳动关系

劳务外包是指企业利用外部服务商的劳动力，来完成企业内部的非核心工作，从而达到降低成本、提高效率的用工模式。劳务外包法律关系中，承包方与发包方之间系民事合同关系，应当签订书面的外包承揽协议；承包方与劳务外包人员之间应当签订书面的劳动合同或者雇佣合同，承包方与劳务外包人员之间通常为劳动合同关系或者其他雇佣关系；而从法律关系上说，发包方与劳务外包人员之间通常不存在直接的劳务关系或者劳动关系，劳务外包人员只需按发包方的要求提供劳动成果，发包单位无权对劳动者进行管理，除非存在故意或者重大过失，发包单位无须对劳务外包人员承担任何责任。

2. 发包方与劳务外包人员存在事实劳动关系的例外情形

发生以下情形时，存在发包方被认定为与劳务外包人员存在劳动关系的可能。首先，若发包方对劳务外包人员进行直接管理，如发包方要求劳务外包人员遵守发包方的各项规章制度、对劳务外包人员直接发放工资等；其次，若承包方的业务范围并不符合劳务外包业务范围，或承包方无相应劳务派遣资质，则劳务外包人员与发包方之间可能被认定为存在事实劳动关系。

具体到本案，首先，武某系某保洁服务部员工，该保洁服务部对武某进行管理，并向武某发放工资，武某与保洁服务部之间系劳动关系。其次，该保洁服务部与某铁路公司签订《委外保洁承揽合同》，该保洁服务部与某铁路公司之间系劳务外包承揽合同关系，武某作为劳务外包人员，在某铁路公司下属旅游公司进行工作，某铁路公司与武某之间并未形成管理与监督关系，且并未直接向武某直接支付工资，因此武某与某铁路公司之间并无事实劳动关系。

【典型意义】

劳务外包作为一种灵活的用工方式，发包方无须与劳务外包人员签订劳动合同，不构成劳动关系。然而在实施劳务外包的过程中，存在用工管理、用工结算方式不规范，劳务派遣、劳务外包用工形式混乱等诸多问题，给企业造成不小的用工法律风险。

本案从如何认定劳务外包发包方与劳务外包人员法律关系出发，对劳务外包中发包方的合规管理提出了新的要求。首先，发包方应当与承包单位签订书面、详细的劳务外包合同；其次，发包方应当谨慎选择承包方，若对外包有特殊资质要求的，进行劳务外包时应当注意承包方是否具有相应资质，若无特别资质要求，应当选用合法、有信誉的经营服务外包的人力资源公司；并且，发包方应当避免直接管理劳务外包人员，避免产生事实劳动关系等法律风险。

编写人员：中吕律师事务所　李荣祥

21 劳动者被依法追究刑事责任的，单位可解除劳动合同

【案情简介】

1996 年 3 月 18 日，某铁路单位（甲方）与苏某（乙方）签订《劳动合同书》，合同书载明根据《劳动法》和《国家铁路实施〈中华人民共和国劳动法〉的若干规定》，经甲乙双方协商同意，签订本合同。其中，七、劳动合同终止、解除的条件：2. 乙方有下列情形之一的，甲方可以解除劳动合同：（5）被除名、开除、劳动教养、判刑的，劳动合同自行解除。苏某签字确认，该铁路单位盖章确认。苏某因故意杀人、抢劫罪于 2000 年 4 月 14 日被安徽省淮南市中级人民法院判处死缓，附加剥夺政治权利终身。2006 年 8 月 15 日，该铁路单位解除了与苏某的劳动合同。2018 年 7 月 22 日，被告苏某刑满释放。因办理相关手续，需要确认原、被告在 1996 年 3 月 18 日至 2006 年 8 月 15 日之间存在劳动关系，苏某向劳动争议仲裁委员会申请仲裁，仲裁委于 2019 年 6 月 18 日作出《不予受理通知书》，理由如下：申请人苏某申请事项时效已超，不在本委受理范围，故不予受理。原告于 2019 年 7 月 1 日向人民法院提起诉讼，请求依法确认与该铁路单位在 1996 年 3 月 18 日至 2006 年 8 月 15 日之间存在劳动关系。

【判决结果】

一审法院认为，苏某与某铁路单位于 1996 年 3 月 18 日签订劳动合同，苏某在该铁路单位上班，二者之间形成合法的劳动关系。劳动合同中约定劳动者被除名、开除、判刑的，甲方可以解除劳动合同。苏某犯故意杀人、抢劫罪于 2000 年 4 月 14 日被安徽省淮南市中级人民法院判处死缓。根据劳动合同的约定，双方之间的劳动合同于 2000 年 4 月 14 日自行解除。故法院依法认定双方 1996 年 3 月 18 日至 2000 年 4 月 14 日存在劳动关系。判决：苏某与某铁路单位 1996 年 3 月 18 日至 2000 年 4 月 14 日存在劳动关系。

二审中当事人未提交新的证据，二审查明的事实与一审查明的事实一致，二审对一审查明的事实予以确认。

【法理分析】

1. 劳动者被除名、开除、判刑的，劳动合同自行解除

根据《劳动合同法》第三十九条"劳动者有下列情形之一的，用人单位可以解除劳动合同：（一）在试用期间被证明不符合录用条件的；（二）严重违反用人单位的规章制度的；（三）严重失职，营私舞弊，给用人单位造成重大损害的；（四）劳动者同时与其他用人单位建立劳动关系，对完成本单位的工作任务造成严重影响，或者经用人单位提出，拒不改正的；（五）因本法第二十六条第一款第一项规定的情形致使劳动合同无效的；（六）被依法追究刑事责任的"的规定，因劳动者被依法追究刑事责任，用人单位享有单方解除劳动合同的权利。本案中，2000 年 4 月 14 日苏某因故意杀人、抢劫罪被安徽省淮南市中级人民法院判处死缓，附加剥夺政治权利终身。用人单位与苏某之间的劳动关系自 2000 年 4 月 14 日自行解除。

2. 因劳动者存在过失，用人单位单方解除劳动合同，无须支付经济补偿金

根据《劳动合同法》第四十六条"有下列情形之一的，用人单位应当向劳动者支付经济补偿：（一）劳动者依照本法第三十八条规定解除劳动合同的；（二）用人单位依照本法第三十六条规定向劳动者提出解除劳动合同并与劳动者协商一致解除劳动合同的；（三）用人单位依照本法第四十条规定解除劳动合同的；（四）用人单位依照本法第四十一条第一款规定解除劳动合同的；（五）除用人单位维持或者提高劳动合同约定条件续订劳动合同，劳动者不同意续订的情形外，依照本法第四十四条第一项规定终止固定期限劳动合同的；（六）依照本法第四十四条第四项、第五项规定终止劳动合同的；（七）法律、行政法规规定的其他情形"的规定，因劳动者存在过失，用人单位单方解除劳动合同，无须支付经济补偿金。

【典型意义】

劳动者违反《刑法》或《治安管理处罚法》的有关规定被判刑或被行政拘留，不仅给社会带来危害，而且使得用人单位的生产、工作秩序无法正常进行，劳动合同的履行成为不必要，用人单位有权解除劳动合同，且不支付经济补偿金。《劳动合同法》第三十九条、《劳动法》第二十五条以及劳动部关于印发《关于贯彻执行〈中华人民共和国劳动法〉若干问题的意见》的通知（劳部发〔1995〕309号）第29条均规定，劳动者被依法追究刑事责任的，用人单位可以解除劳动合同。

诚实守信是劳动关系各方必须坚持的基本原则。劳动者向单位出具书面保证、承诺等字据，对其法律后果应当有合理预判，除非证明受到非法胁迫，原则上应当信守。劳动者如果事后违背该保证或承诺，将自行承担不利的法律后果。本案中，判决支持了苏某的合理请求，即 1996 年 3 月 18 日至 2000 年 4 月 14 日存在劳动关系事实清楚，同时维护了用人单位的合法需求，取得了较好的社会效果和法律效果。

编写人员：中吕律师事务所　王慧娟

22 上访并不必然导致诉讼时效中断

【案情简介】

吕某与死者项某系夫妻关系，项某生前系某铁路局某电力机务段设备车间职工，后该单位归属某铁路局，现归属某铁路股份有限公司。某电力机务段为某铁路股份有限公司的分支机构，并领取有营业执照。1998 年 10 月至 2000 年 10 月，项某在某电力机务段设备车间从事复轨器维修工作。2000 年 10 月底项某因病住院治疗，2004 年 8 月 19 日医治无效死亡。项某生病及去世后，吕某与某电力机务段均未提出过工伤认定申请。吕某就项某死亡未享受工伤待遇一事进行上访，某电力机务段于 2010 年 5 月 15 日作出"关于对项某之妻吕某上访的答复"，明确回复项某的病故不能认定为工伤。另查明，吕某前往中国铁路某局集团有限公司信访办上访并主张权利的时间分别为 2006 年 8 月 23 日、2007 年 1 月 29 日、2007 年 8 月 16 日、2010 年 5 月 4 日、2017 年 9 月 7 日、2018 年 11 月 29 日、2019 年 4 月 9 日。吕某还于 2018 年 11 月 16 日向劳动争议仲裁委员会申请仲裁，该仲裁委员会于当日向其送达了《不予受理通知书》。2018 年 11 月 20 日，吕某将某电力机务段诉至法院，后撤回起诉。现又将某电力机务段诉至法院。

【判决结果】

一审法院经审理认为，《中华人民共和国民法总则》第一百八十八条规定:"向人民法院请求保护民事权利的诉讼时效期间为三年。法律另有规定的,依照其规定。诉讼时效期间自权利人知道或者应当知道权利受到损害以及义务人之日起计算。"吕某在其丈夫项某2004年去世后,曾向某电力机务段及其上级单位主张过权利,但某电力机务段于2010年5月15日作出的"关于对项某之妻吕某上访的答复"已明确告知吕某不能认定项某之死为工伤,此后吕某并未在法定诉讼时效期间内就相关争议向人民法院提起诉讼或申请仲裁,也未能举证证明本案存在诉讼时效中断或中止的情形。现某电力机务段以诉讼时效期间届满为由抗辩,一审法院予以支持,故判决驳回吕某的诉讼请求。

二审法院经审理认为,某电力机务段于2010年5月15日已明确告知吕某不能认定项某之死为工伤,之后吕某应及时向仲裁机构申请仲裁,而吕某直到2018年11月才向仲裁委申请仲裁,已超过了法律规定的仲裁时效,且吕某也没有证据证实其存在中断或者中止时效的情形。故判决驳回上诉,维持原判。

【法理分析】

1. 向人民法院主张民事权利应在诉讼时效届满前提出

《民法典》第一百八十八条规定:"向人民法院请求保护民事权利的诉讼时效期间为三年。法律另有规定的,依照其规定。诉讼时效期间自权利人知道或者应当知道权利受到损害以及义务人之日起计算。"第一百九十二条第一款规定:"诉讼时效期间届满的,义务人可以提出不履行义务的抗辩。"

本案中,项某于2000年10月生病住院,2004年8月19日医治无效死亡。项某之妻吕某于2018年第一次提起诉讼,早已超过了三年的诉讼时效。某电力机务段也以诉讼时效期间届满为由抗辩，不存在《民法典》第一百九十二条第二款"诉讼时效期间届满后，义务人同意履行的，不得以诉讼时效期间届满为由抗辩；义务人已自愿履行的，不得请求返还"规定的情形。吕某也未能举证证明本案存在诉讼时效中断或中止的情形。

2. 上访并不必然导致诉讼时效中断

《民法典》第一百九十五条规定："有下列情形之一的，诉讼时效中断，从中断、有关程序终结时起，诉讼时效期间重新计算：（一）权利人向义务人提出履行请求；（二）义务人同意履行义务；（三）权利人提起诉讼或者申请仲裁；（四）与提起诉讼或者申请仲裁具有同等效力的其他情形。"

本案中，上诉人吕某主张其坚持上访十多年，故不存在时效问题。诉讼时效中断的第一种情形是"权利人向义务人提出履行请求"，但是从 2006 年 8 月 23 日吕某开始上访起，此前并未对项某的死亡进行工伤认定，项某的死亡是否属于工伤、用人单位是否应予赔偿不确定，因此其与用人单位之间不存在确定的权利义务关系，也就不存在吕某向单位提出履行请求的情形。诉讼时效中断的第二种情形是"义务人同意履行义务"。某电力机务段于 2010 年 5 月 15 日作出"关于对项某之妻吕某上访的答复"明确回复项某的病故不能认定为工伤。诉讼时效中断的第三种情形是"权利人提起诉讼或者申请仲裁"。《劳动争议调解仲裁法》第二十七条第一款规定："劳动争议申请仲裁的时效期间为一年。仲裁时效期间从当事人知道或者应当知道其权利被侵害之日起计算。"吕某于 2018 年 11 月 16 日向当地劳动人事争议仲裁委员会申请仲裁，这一时间距项某 2004 年 8 月 19 日的死亡日期已过 14 年，距某电力机务段 2010 年 5 月

15 日作出的"关于对项某之妻吕某上访的答复"已过 8 年。诉讼时效中断的第四种情形是"与提起诉讼或者申请仲裁具有同等效力的其他情形",而吕某的上访明显不具有与提起诉讼或者申请仲裁的同等效力。综上所述,吕某认为的不存在时效问题的看法不能成立。

【典型意义】

近年来,随着普法工作的推进及义务教育的普及,民众的法律意识逐渐增强。该案的判决表明上访不是解决问题的唯一出路,也不是通过法律解决问题的手段。在遇到纠纷时,要及时解决,如果协商、调解、上访不成,要及时走法律途径,拖延就可能过了诉讼时效。同时,诉讼要求事实清楚、证据充分,除了诉讼时效届满的问题,吕某的诉求没有证据支撑,只有口头的陈述,胜诉的概率也极低。

总之,诉讼时效是民众很容易忽略的问题。劳动者是弱势群体,因此,在遇到与用人单位的纠纷时,条件允许的情况下可以自行查询法律条文或是咨询法律专业人员,及时通过法律途径解决问题。上访的效率低、难度大、不确定性高,不建议坚持上访。

编写人员:中吕律师事务所　白小艳

23 人民法院可依据生效裁判文书所确认的劳动关系作出判决

【案情简介】

2016年8月15日，次某在驾车接送某铁路公司员工的途中突发疾病死亡。某铁路公司于2017年8月起诉王某（次某妻子），要求法院确认次某与某铁路公司不存在劳动关系。经审理，法院作出判决，认定某铁路公司与次某自2012年12月1日起至2016年8月15日期间存在劳动关系，该判决于2017年11月16日生效。2017年12月12日市人力资源和社会保障局作出《认定工伤决定书》，认定次某受到的事故伤害属于工伤认定范围，予以认定为工伤。后某铁路公司向另一法院起诉，认为次某与某经贸公司存在雇佣关系，与自己不存在劳动关系，不应当支付各项补助金。

【判决结果】

一审法院未支持其请求，某铁路公司提起上诉。

二审法院认为，本案争议的焦点在于次某死亡时与某铁路公司是否存在劳动关系。2017年11月16日生效的民事判决，认定某铁路公司与次某之间存在劳动关系。故次某与上诉人某铁路公司之间的劳动关系已由另案确认，法院不再做重复审查。上诉人认为次某被某经贸公司雇佣，与某经贸公司存在劳动关系，但没有就此举证，而且该陈述也不能对抗已生效的民事判决认定的事实，故上诉人的该上诉主张无事实依据，判决：驳回上诉，维持原判决。

【法理分析】

1. 当事人可直接以生效裁判文书确认的事实作为证据证明自己的主张

根据《最高人民法院关于适用〈中华人民共和国民事诉讼法〉的解释》第九十三条第五项的规定，当事人无须举证证明已为人民法院发生法律效力的裁判所确认的事实。人民法院应当维护生效判决的既判力，如果当事人不服，应当通过法律规定的审判监督程序予以纠正。

2. 当事人应当举证证明自己的主张

《民事诉讼法》第六十四条第一款规定："当事人对自己提出的主张，有责任提供证据。"如果当事人无法提供证据证明自己的主张，就要承担举证不利的后果，即法院可能不支持当事人的诉讼主张，作出对当事人不利的判决。

【典型意义】

在民事诉讼中，当事人用另外一个案件的生效裁判文书作为证据支持其主张的情况经常发生。《最高人民法院关于民事诉讼证据的若干规定》规定，已为人民法院发生法律效力的裁判所确认的事实属于免证事实，是可以直接用于案件中证明案件事实的。本案中对于生效判决所认定的事实直接采纳，维护了生效判决的既判力，保证了法院判决的权威性。

编写人员：中吕律师事务所　马　斐

24 即使未签订劳动合同也可能被认定为存在事实劳动关系

【案情简介】

王某称其于 2001 年 5 月到某公司工作，双方之间未订立书面劳动合同。王某于 2008 年 1 月 1 日与大同某公司订立了书面劳动合同，但大同某公司并未为王某缴纳保险。王某上班至 2009 年 4 月。同时，某公司作为甲方和王某作为乙方签订了协商解除劳动合同协议书，其主要内容为：双方于 2001 年 2 月建立劳动关系，经协商一致自愿协商解除劳动关系。1. 自 2009 年 4 月 30 日起，双方协商解除劳动合同关系，双方权利义务随之终止。2. 甲方同意在乙方妥善办理所有工作交接手续后支付乙方解除劳动合同的补偿金 7 055 元。甲方将于乙方妥善办理所有工作移交手续后支付。……4. 乙方自愿放弃其他所有诉求。在协议书中甲方加盖了单位公章，乙方王某签名确认且在个人名字和金额处摁了指纹。同年，王某领取了解除劳动合同的经济补偿 7 055 元。直至 2015 年 12 月，王某向劳动争议仲裁委员会申请仲裁，因对仲裁结果不服故诉至法院，要求：1. 确认王某与某公司于 2001 年 5 月 30 日至 2009 年 4 月 30 日存在劳动关系。2. 要求某公司支付未签订劳动合同的双倍工资差额、解除劳动关系的经济补偿金、养老保险损失费、医疗保险损失费、加班费、带薪年休假工资等。

【判决结果】

关于王某与某公司是否存在劳动关系。虽然大同某公司于 2008 年与王某签订劳动合同并主张由其向王某发放工资，王某系与大同某公司存在劳动关系，但依据庭审查明的事实，王某的工作地点、内容等方面均未发生改变，且某公司未与王某办理解除劳动关系手续。同时，大同某公司未能提供工资表等相关证据对于工资发放情况予以证明，王某亦表示对工资发放主体并不知晓，故在此情况下，应当认定王某作为劳动者有理由相信其与某公司的劳动关系一直延续。综上，确认王某与某公司自 2001 年 5 月 30 日至 2009 年 4 月 30 日存在劳动关系。

关于仲裁时效。鉴于王某自 2009 年 4 月离开某公司并领取了经济补偿至 2015 年 12 月申请仲裁长达 6 年一直未向用人单位提供劳动，用人单位在此期间亦不再向劳动者支付劳动报酬等相关待遇，王某对此已经明确知晓。鉴于王某在领取经济补偿之后和本次仲裁之前一直未向某公司主张过任何权益，故王某要求支付带薪年休假工资、保险损失费和加班费等项的诉讼请求已经超过诉讼时效。

【法理分析】

1. 关于劳动关系的认定

劳动关系是指用人单位与劳动者运用劳动能力实现劳动过程中形成的一种社会关系。劳动合同是认定劳动关系的重要依据而非唯一依据，《关于确立劳动关系有关事项的通知》第一条规定劳动关系成立需要同时具备的情形，即："用人单位招用劳动者未订立书面劳动合同，但同时具备下列情形的，劳动关系成立：（一）用人单位和劳动者符合法律、法规规定的主体资格；（二）用人单位依法制定的各项劳动规章制度适用于劳动者，劳动者受用人单位的劳动管理，从事用人单位安排的有报酬的劳动；（三）劳动者提供的劳动是用人单位业务的组成部分。"第二条则规定了认定存在劳动关系的参考凭证及举证责任，即："用人单位未与劳动者签订劳动合同，认定双方存在劳动关系时可参照下列凭证：（一）工资支付凭证或记录（职工工资发放花名册）、缴纳各项社会保险费的记录；（二）用人单位向劳动者发放的'工作证'、'服务证'等能够证明身份的证件；（三）劳动者填写的用人单位招工招聘'登记表'、'报名表'等招用记录；（四）考勤记录；（五）其他劳动者的证言等。其中，（一）、（三）、（四）项的有关凭证由用人单位负举证责任。"根据上述规定，用人单位与劳动者虽然未签订劳动，但如果确有证据证明，则双方之间劳动关系成立。

具体到本案，虽然王某与某公司未签订正式书面劳动合同，但是王某的工作地点、工作内容均由某公司安排，且双方签订的《解除劳动合同通知书》中某公司也承认双方之前存在劳动关系，故法院综合认定王某与某公司存在劳动关系。

2. 关于仲裁时效期间

《劳动争议调解仲裁法》第二十七条第一款规定："劳动争议申请仲裁的时效期间为一年。仲裁时效期间从当事人知道或者应当知道其权利被侵害之日起计算。"法律不保护躺在权利上睡觉的人，权利不用就过期作废。如果权利人在法定期限内没有行使权利，过期诉求将不再受法律保护。具体到本案，王某自 2009 年 4 月离开某公司并领取了经济补偿后至本次仲裁之前一直未向某公司主张过任何权益，故其要求支付带薪年休假工资、保险损失费和加班费等项的诉讼请求已经超过诉讼时效。

【典型意义】

劳动关系认定一直是较为引人关注的话题之一。实践中，除依据用人单位与劳动者签订的劳动合同确定双方之间存在劳动关系外，《关于确立劳动关系有关事项的通知》中规定的内容也是认定劳动关系的重要依据。如果符合上述规定，即使用人单位与劳动者未签订劳动合同，法院也可能认定二者存在劳动关系，进而要求用人单位承担用人责任。所以，用人单位应当建立完善劳动用工制度，依法与劳动者签订书面劳动合同，以免发生劳动争议。

编写人员：中吕律师事务所　马　斐

25 劳动争议案件举证责任的分配

【案情简介】

王某于 1986 年 7 月入职某铁路公司某工务段工作，担任线路工人。1996 年 1 月 1 日，王某和该工务段签订了无固定期限劳动合同。1998 年 9 月 25 日，该工务段出具命令："关于王某解除劳动合同的通知：某养路工区线路工王某，经本人申请，自愿与某工务段解除劳动合同，自谋职业。根据某文件的相关规定，发给王某一次性安置补助费 30 000 元。自 1998 年 10 月 1 日起生效。"同日，王某和该工务段签订了终止、解除劳动合同通知书，其中约定：由于自谋职业的原因，解除劳动合同。根据有关规定，已发给王某一次性安置补助费 30 000 元（包括国家规定的经济补偿金）。其在该通知书中签字或盖章。双方按约履行了各自的义务。王某在职期间，用人单位为王某缴纳了养老保险。1999 年，该工务段将王某的档案移交给市铁路分局劳动力调剂站。2001 年 8 月 13 日，该工务段将王某等 346 人的档案都移交给了市职工失业保险所，当时移交档案时办理了接收手续。2004 年，王某曾经到该工务段索要过档案，被告知档案已经移交给了失业保险所。2009 年，王某再次到该工务段索要档案。同年 9 月 21 日，该工务段的员工委托在该地居住的职工裴某代王某领取了档案。王某认可 2014 年 11 月收到了档案。2016 年 5 月，王某向当地仲裁委申请仲裁，仲裁委于 2016 年 5 月 23 日作出《不予受理通知书》，理由是申请人的仲裁请求超过了仲裁申请时效。因王某对仲裁结果不服诉至一审法院，要求该工务段及某铁路公司赔偿因违法扣押档案材料造成王某自 1998 年至 2009 年的社会保险损失费 111 360 元。

【判决结果】

一审法院判决驳回其诉讼请求，王某不服，提起上诉。

二审法院认为，本案争议的焦点在于某铁路公司某工务段和某铁路公司是否存在扣押王某档案材料的行为。王某在 1998 年 9 月 25 日与该工务段签订了解除劳动合同通知书并领取了一次性安置补助费后，二者之间的劳动关系已然解除。该工务段作为用人单位已将王某的档案移交给市职工失业保险所，其履行义务并无不当。王某有责任对于自己提出的诉讼请求所依据的事实提供证据加以证明。其提供的现有证据不能证明其主张，故王某在 2014 年 11 月收到档案之后要求某铁路公司某工务段和某公司赔偿其社会保险损失费于法无据。故原审法院对于王某的诉讼请求不予支持并无不当，依法判决驳回上诉，维持原判。

【法理分析】

《民事诉讼法》第六十四条第一款规定："当事人对自己提出的主张，有责任提供证据。"《最高人民法院关于适用〈中华人民共和国民事诉讼法〉的解释》第九十条第一款规定："当事人对自己提出的诉讼请求所依据的事实或者反驳对方诉讼请求所依据的事实，应当提供证据加以证明，但法律另有规定的除外。"本案中，王某提出某工务段没有举证证明将其档案材料移转至失业保险所，且经其多次索要未给，造成其社会保险不能衔接，故应承担产生损失的后果。但根据前述法律的规定，该证明责任的承担主体应为王某，现其提供的用人单位作出的解除劳动合同命令、解除劳动合同通知书和存档商调函等证据无法证明其主张，即应当承担举证不能的后果。

【典型意义】

本案对于劳动争议案件中举证责任的分配具有一定的参考价值。虽然用人单位在劳动关系中居于管理者地位，相较于劳动者，用人单位在劳动争议案件中提供证据具有优势，而劳动者因处于弱势地位，在诉讼中对有些事实的举证的确存在客观困难，但不应因此将劳动者的举证义务完全免除。根据我国相关司法解释的规定，用人单位仅在开除、除名、辞退、解除劳动合同、减少劳动报酬、计算劳动者工作年限等特定事项上负有举证责任，而劳动争议案件实质上仍属于民事纠纷的一种类型，因此原则上还应当适用民事案件举证原则，即"谁主张谁举证"。

编写人员：中吕律师事务所　段晋芳

26 劳动者主张加班费应承担举证责任

【案情简介】

王某系某铁路公司装卸队职工。1996 年 1 月 1 日王某与某管理所签订无固定期限劳动合同。2013 年 6 月 5 日因货运业务整合，王某被划入某铁路公司分公司（以下简称分公司）工作。2013 年 10 月 29 日，在进行硅铁包吊装作业过程中，汽车司机启动汽车时，王某不慎被吊起的硅铁包与汽车挤压导致受伤，当日王某被送往医院治疗，其出院诊断为腹部软组织伤（腹部少量积液）。王某出院后经市人力资源和社会保障局认定为工伤，经市劳动能力鉴定委员会鉴定，王某为"无丧失劳动能力程度、无劳动功能障碍程度、无生活处理障碍、无医疗依赖"。王某 2014 年 7 月 1 日上班，7 月 2 日正式上岗看泵房，在此之前一直居家休养。随后，王某向市劳动仲裁委员会提出劳动仲裁，王某对该仲裁委作出的裁决不服，向法院提起诉讼，请求某机关单位（某铁路公司控股股东）、某铁路公司、分公司支付其 2014 年清明节、五一劳动节、端午节加班费和奖金共计 8 168.84 元，支付 2006 年至 2013 年 150% 超时工资 250 560 元，支付 2010 年至 2013 年因抽调人员参加防溜工作的加班工资 8 720元，支付 2009 年至 2013 年没休年假加班工资 32 721 元，支付经济补偿金 75 042.46 元、赔偿金 1 876 061.50 元，支付因未签订劳动合同 11 个月的双倍工资，撤销分公司要求其上班的口头通知。

【判决结果】

一审法院判决驳回王某诉讼请求，王某不服，向二审法院提起上诉。

二审法院认为：

1. 某机关单位系某铁路公司的控股股东，并非用人单位，故某机关单位与王某之间不存在劳动关系，某机关单位不是本案适格的当事人。因货运业务整合，王某被划归分公司，分公司虽系某铁路公司的分公司，但具备用工主体资格，分公司系用人单位，为本案的当事人，某铁路公司不是本案适格的当事人。因此某机关单位、某铁路公司不是本案适格的当事人。

2. 关于分公司是否应当为王某发放各项加班费的问题。

（1）王某倒班工作，上一天班24小时，休两天48小时，依照《国家铁路劳动者实行综合计算工时工作制办法》第八条的规定，其周六、周日及法定节假日上班属正常工作，故其要求支付周六、周日、法定节假日加班费的上诉理由不能成立。（2）王某主张其每月工作10天，每天工作24小时，每月工作240小时，超过国家规定，应予补偿。但《劳动法》规定的工时制度是指工作时间，而分公司提交的《某货场班制及间休管理制度》载明"白班间休时间同日勤人员，夜班值岗无作业时可在岗间休"，故王某主张其每天工作24小时不符合实际，也不符合常理，其主张超时工作费的主张不能成立。（3）王某病休期间，分公司并未安排其在法定节假日工作，其也未在法定节假日提供劳动，故其要求支付病休期间清明节、五一劳动节、端午节的加班费明显不当，而且在未提供劳动的基础上若领取劳动报酬也违背按劳分配的原则，没有事实与法律依据。（4）王某主张2010年至2013年参加防溜工作，但未提供足够的证据予以证实，故其要求支付防溜期间加班费的上诉请求于法无据。王某要求支付其各项加班工资的上诉理由均不能成立，均应予以驳回。

3. 关于分公司与王某未签订劳动合同，分公司是否有错，是否应当支付 11 个月双倍工资的问题。

1996 年王某与某管理所签订无固定期限劳动合同，因货运业务整合，王某被划归分公司，该分公司承继原用人单位的权利、义务，继续原劳动合同。故王某要求分公司需重新签订合同的诉求没有法律依据，对其该项上诉请求应予驳回。

4. 关于分公司口头通知王某的行为是否应该撤销的问题。

王某主张撤销分公司的口头通知，其实质是主张其休息休假权。王某受伤后于 2013 年 10 月 29 日至 2014 年 6 月 30 日在家休养，经市劳动能力鉴定委员会鉴定并未丧失劳动能力，且王某亦未提供证据证实其需要继续接受治疗，故用人单位要求其上班并无不当，对王某的该项上诉请求，不应支持。因此，原审判决认定事实清楚，适用法律正确，依法应驳回上诉，维持原判。

【法理分析】

1. 关于实行轮班制企业劳动者的加班费问题

王某倒班工作，上一天班 24 小时，休两天 48 小时的工作方式属于《劳动法》第三十九条规定的企业因生产特点不能实行本法第三十六条、第三十八条规定的，经劳动行政部门批准，可以实行其他工作和休息办法。根据《国家铁路劳动者实行综合计算工时工作制办法》第八条"实行轮班制的劳动者在法定休假节日、休息日轮班的工作视为正常工作"的规定，实行轮班制的企业，员工在周六、周日及法定节假日上班属正常工作，因此企业不需要支付加班费。关于超时工作的问题，根据《劳动部关于国家铁路劳动者实行综合计算工时工作制的批复》第三条的规定应以员工的平均每昼夜实际工作时间为基础对该员工是否超法定工时工作予以认定；同时根据《最高人民法院关于审理劳动争议案件适用法律若干问题的解释（三）》第九条（该解释已废止，现为《最高人民法院关于审理劳动争议案件适用法律问题的解释（一）第四十二条》）的规定，劳动者主张加班费的，应当就加班事实的存在承担举证责任，无法举证证明的，就要承担举证不能的后果。

2. 用人单位发生合并的，原劳动合同继续有效

《最高人民法院关于审理劳动争议案件适用法律若干问题的解释》第十条（该解释已废止，现为《最高人民法院关于审理劳动争议案件适用法律问题的解释（一）第二十六条》）规定："用人单位与其他单位合并的，合并前发生的劳动争议，由合并后的单位为当事人；用人单位分立为若干单位的，其分立前发生的劳动争议，由分立后的实际用人单位为当事人。"根据该规定，本案的实际用人单位为分公司，而非某机关单位、某铁路公司。

关于原劳动合同在王某与分公司之间是否继续有效，依照《劳动合同法》第三十四条"用人单位发生合并或者分立等情况，原劳动合同继续有效，劳动合同由承继其权利和义务的用人单位继续履行"的规定，为了保护原用人单位劳动者的合法权益，合并后的法人或者其他组织作为一个新的用人单位承继了原用人单位所有的权利和义务，包括原用人单位对其劳动者的权利和义务。因此，根据本条的规定，用人单位订立劳动合同后合并的，原劳动合同继续有效，由合并后的新的用人单位继续履行该劳动合同，无须与劳动者重新签订劳动合同。

3. 未丧失劳动能力且不需要继续休养的劳动者应履行劳动义务

《工伤保险条例》第三十三条规定，职工因工作遭受事故伤害

或者患职业病需要暂停工作接受工伤医疗的，在停工留薪期内，原工资福利待遇不变，由所在单位按月支付。停工留薪期一般不超过12个月。伤情严重或者情况特殊，经设区的市级劳动能力鉴定委员会确认，可以适当延长，但延长不得超过12个月。停工留薪期限根据劳动者受伤的实际情况来定，如果经相关劳动能力鉴定委员会确认未丧失劳动能力，不存在需要继续休养的情形，则应当根据用人单位的安排履行劳动义务。

具体到本案，第一，王某倒班工作，上一天班24小时，休两天48小时的工作方式属于轮班制，因此其周六、周日及法定节假日上班属正常工作。第二，根据分公司提交的《某货场班制及间休管理制度》，王某白班间休同日勤人员，夜班值岗无作业时亦可间休，其不可能每天工作24小时。第三，《劳动法》第四十四条规定了延长工时的报酬支付，但前提均为"安排劳动者工作的"，王某从2013年10月29日到2014年6月30日在家休养，并未去单位工作，故其要求支付清明节、五一劳动节、端午节的加班费无事实依据。最后，王某对其参加防溜工作期间的加班事实及未休假加班的事实未提供有效充分的证据予以证实。因此，王某关于各项加班费的主张均不成立。

关于王某要求支付因未签订劳动合同11个月的双倍工资的问题。王某1996年1月1日与某管理所签订了无固定期限劳动合同，后因某公司内部调整，划归分公司管理，该无固定期限劳动合同由分公司继续履行，王某主张与分公司之间未签订劳动合同，与事实不符，法院不予支持。

王某受伤后于2013年10月29日至2014年6月30日在家休养，经市劳动能力鉴定委员会鉴定为"无丧失劳动能力程度、无劳动功能障碍程度、无生活处理障碍、无医疗依赖"，王某亦未提供证据证明其需要继续接受治疗或休养，故用人单位要求其上班并无不当。

【典型意义】

《最高人民法院关于审理劳动争议案件适用法律问题的解释（一）》第四十二条规定："劳动者主张加班费的，应当就加班事实的存在承担举证责任。但劳动者有证据证明用人单位掌握加班事实存在的证据，用人单位不提供的，由用人单位承担不利后果。"因此加班事实的举证责任分配问题，首先应以"谁主张谁举证"为基本原则，以减轻劳动者举证责任为补充，即劳动者应就其主张的加班事实提供相应的证据加以证明，如果劳动者没有证据或者证据不足以证明其主张的加班事实，由劳动者承担不利后果。在劳动关系中，用人单位和劳动者之间是一种管理与被管理的关系，用人单位行使管理权，劳动者对用人单位具有一定的人身依附性，且劳动者通常处于弱势地位，劳动者加班事实的证据一般会较多地保存在用人单位一方。故加班事实的举证责任应权衡双方的举证能力，合理分配双方的举证责任。本案的处理提示用人单位应在规章制度中明确规定加班的审批制度和程序，并尽快建立劳动者对考勤记录的定期签字确认制度，同时提示劳动者注意保留和获取在用人单位工作期间的考勤记录、工资发放凭证，以及其他能证明存在加班事实的证据，为以后及时主张加班费提供证据支持。

编写人员：中吕律师事务所　段晋芳

27 证据不足无法认定事实劳动关系

【案情简介】

王某自称其自 1989 年起至起诉前一直在甲公司下属的甲车间从事上料工作，工作岗位从未改变过。工作期间，甲公司从未与其签订过书面劳动合同。2008 年 12 月 1 日，王某与乙公司（甲公司系该公司主管部门）签订劳动合同。2014 年，王某因确认劳动关系等事宜向市劳动争议仲裁委员会申请仲裁，仲裁委裁定驳回其仲裁请求。王某向一审法院提起诉讼，要求甲公司补偿其 11 个月的双倍工资 15 950 元，与其签订无固定期限劳动合同，补偿应当与其签订固定期限劳动合同之日起而未签订合同的双倍工资 97 150 元，为其补缴从 1993 年参加工作以来的各项社会保险，补发其从 2008 年 1 月 1 日至 2014 年 1 月 1 日的最低工资差额 40 200 元，为其补发从 2008 年 1 月 1 日至 2014 年 8 月 31 日的因假日、法定节假日加班的加班费 83 145 元，并要求与其他员工享受相同的待遇。

【判决结果】

一审法院判决驳回王某的诉讼请求。王某不服提起上诉。

二审法院认为，王某 2008 年 12 月 1 日与乙公司签订书面劳动合同，约定王某为乙公司雇佣的钟点工。王某主张其在甲公司从事上料工作，系甲公司的员工，但甲公司提交的《委外保洁承揽合同》

及银行付款凭证和发票等证据，能够证明甲公司已将王某所从事的业务外包给案外人丙保洁服务部，故不能证明王某与甲公司之间存在事实劳动关系。王某的上诉请求缺乏事实依据，依法判决驳回上诉，维持原判。

【法理分析】

事实劳动关系的认定标准

事实劳动关系，是指无书面劳动合同而存在劳动关系的一种客观状态，即劳动者与用工单位从未签订劳动合同，或者所签订劳动合同为无效合同，但劳动者事实上为用工单位提供了劳动，接受用工单位的管理和监督，成为用工单位的成员，从用工单位领取劳动报酬和受劳动保护。

司法实践中，对事实劳动关系进行认定，一般参考《关于确立劳动关系有关事项的通知》"一、用人单位招用劳动者未订立书面劳动合同，但同时具备下列情形的，劳动关系成立。（一）用人单位和劳动者符合法律、法规规定的主体资格；（二）用人单位依法制定的各项劳动规章制度适用于劳动者，劳动者受用人单位的劳动管理，从事用工单位安排的有报酬的劳动；（三）劳动者提供的劳动是用人单位业务的组成部分"的规定。据此，判断是否存在事实劳动关系，可以从以下四个方面来考虑：

一是主体适格性。对于用工单位而言，可以是中华人民共和国境内的企业、个体经济组织、民办非企业用工单位等组织；也可以是国家机关、事业单位、社会团体等。对于劳动者而言，根据《劳动法》第十五条的规定，劳动者应为年满十六周岁的自然人。其中，文艺、体育和特种工艺单位招用未满十六周岁的未成年人，必须履行审批手续。

二是经济从属性。劳动者经济上依赖用工单位，用工单位向劳动者提供福利保障，包括支付劳动报酬、缴纳社会保险及其他福利等。

三是人格从属性。劳动者并非从事独立的业务或者经营活动，而是服从用工单位的工作安排，遵守用工单位的劳动纪律和规章制度，接受用工单位的管理和监督。

四是业务关联性。劳动者所具体从事的工作应当是用工单位的业务组成部分。这里的业务组成，应作广义的理解，不应仅限于营业执照限定的业务范围，还应包括用工单位组织、管理等层面的工作。

具体到本案，首先，王某与甲公司之间未签订劳动合同，王某主张其曾与甲公司的下属单位乙公司签订合同。但乙公司作为独立法人，与王某确认和甲公司之间存在劳动关系这一事项无关。其次，庭审中查明的证据不能证明甲公司与王某之间存在支付劳动报酬关系、王某接受甲公司的各项劳动规章制度的管理，王某与甲公司之间不存在经济以及人身依附关系。再次，甲公司提交的与丙保洁服务部签订的《委外保洁承揽合同》及银行付款凭证和发票等证据，证明甲公司已将王某所从事的业务外包给案外人，王某所从事的工作并非甲公司的业务组成部分，故王某和甲公司之间不符合事实劳动关系的特征，双方不构成劳动关系。

【典型意义】

当前，在就业竞争压力急剧增大和市场劳动力供大于求的背景下，用工单位与劳动者处于不完全平等的法律地位，用工单位招用劳动用工不签订劳动合同的现象普遍存在，导致我国存在大量的事实劳动关系。我国现行立法并未明确给出"事实劳动关系"这一定义，但是司法实践和法律学界普遍认为，事实劳动关系是一种准法律关系，是相对于劳动合同调整的劳动关系而言的。依照《劳动法》第十六条第二款"建立劳动关系应当订立劳动合同"的规定，用工单位与劳动者在达成确立劳动关系之合意时，应积极签订劳动合同，以维护双方的合法权益。确属用工单位拒绝签订劳动合同，或者所签订劳动合同为无效合同的，劳动者应当注意在日常工作中收集证明事实劳动关系的证据。比如工资支付凭证或记录、职工工资发放花名册、缴纳各项社会保险费的记录，用工单位向劳动者发放的工作证、服务证等能够证明身份的证件，劳动者填写的用工单位招工招聘登记表、报名表等招用记录，考勤记录及其他劳动者的证言等。若劳动者在诉讼或仲裁中，仅提出自己的诉讼请求，但并无相关证据来证明自己的主张，且用工单位有充足证据反驳劳动者的主张时，双方无法认定存在事实劳动关系。因此，无论是劳动者，还是用工单位，都应当注意在工作过程中收集证据，以便在发生纠纷时，能够在法律允许的范围内尽最大限度保护自己的权益。

编写人员：中吕律师事务所　李佳鲜

28 职工离职收到档案后要求原单位赔偿社会保险损失费于法无据

【案情简介】

杜某系某铁路分局某公司某工务段的线路工人，于 1998 年 9 月 25 日和该工务段解除劳动合同。1999 年，该工务段将杜某的档案移交给某铁路分局劳动力调剂站。2001 年 8 月 13 日，该工务段将杜某的档案移交给了市职工失业保险所并办理了接收手续。杜某曾经到该工务段索要过档案，得知档案已经移交给了市职工失业保险所。杜某认可 2015 年 8 月收到了档案。2016 年 5 月，杜某向当地仲裁委申请仲裁，仲裁委以超过仲裁申请时效为由不予受理。杜某对仲裁结果不服，于 2016 年 5 月 30 日诉至法院。

【判决结果】

一审法院对于杜某的诉讼请求不予支持。杜某不服一审判决提起上诉，要求撤销一审判决，改判某铁路公司某工务段、某铁路公司赔偿杜某因违法扣押档案材料造成的自 1999 年至 2015 年 8 月的社会保险费损失 60 000 元。

二审法院认为，本案争议的焦点在于某铁路公司某工务段、某铁路公司是否存在扣押杜某档案材料的行为。根据一审查明的事实，杜某在 1998 年 9 月 25 日与该工务段签订了解除劳动关系通知并领取了一次性安置补助费后，二者之间的劳动关系已然解除。该工务段作为用人单位已将杜某的档案移交给市职工失业保险所，其履行义务并无不当。杜某有责任对自己提出的诉讼请求所依据的事实提供证据加以证明。其现有证据不能证明其主张，故杜某在2015年8月收到了档案之后要求该工务段和某铁路公司赔偿其社会保险损失费于法无据。故一审法院对于杜某的诉讼请求不予支持并无不当。判决驳回上诉，维持原判。

【法理分析】

《民事诉讼法》第六十四条第一款、第二款规定："当事人对自己提出的主张，有责任提供证据。当事人及其诉讼代理人因客观原因不能自行收集的证据，或者人民法院认为审理案件需要的证据，人民法院应当调查收集。"第六十五条第一款规定："当事人对自己提出的主张应当及时提供证据。"

《最高人民法院关于适用〈中华人民共和国民事诉讼法〉的解释》第九十条规定："当事人对自己提出的诉讼请求所依据的事实或者反驳对方诉讼请求所依据的事实，应当提供证据加以证明，但法律另有规定的除外。在作出判决前，当事人未能提供证据或者证据不足以证明其事实主张的，由负有举证证明责任的当事人承担不利的后果。"第九十四条规定："民事诉讼法第六十四条第二款规定的当事人及其诉讼代理人因客观原因不能自行收集的证据包括：（一）证据由国家有关部门保存，当事人及其诉讼代理人无权查阅调取的；（二）涉及国家秘密、商业秘密或者个人隐私的；（三）当事人及其诉讼代理人因客观原因不能自行收集的其他证据。当事人及其诉讼代理人因客观原因不能自行收集的证据，可以在举证期限届满前书面申请人民法院调查收集。"第九十六条规定："民事诉讼法第六十四条第二款规定的人民法院认为审理案件需要的证据包括：（一）涉及可能损害国家利益、社会公共利益的；（二）涉及身份关系的；（三）涉及民事诉讼法第五十五条规定诉讼的；（四）当事人有恶意串通损害他人合法权益可能的；（五）涉及依职权追加当事人、中止诉讼、终结诉讼、回避等程序性事项的。除前款规定外，人民法院调查收集证据，应当按照当事人的申请进行。"

以上法律规定阐明了我国诉讼中举证责任的分配原则，即"谁主张谁举证"。除非当事人确因客观原因无法自行收集证据，否则无论是原告还是被告均应当对自己提出的主张辅以证据证明。若未提供证据或证据不足以证明其主张的，负有举证责任的当事人将承担不利的后果。

具体到本案，某铁路公司某工务段在与杜某解除劳动关系后，将杜某的档案移交给市职工失业保险所的做法已表明该工务段依法履行了应尽的义务。杜某主张该工务段需赔偿因违法扣押档案材料造成其 1999 年至 2015 年的社会保险损失费 60 000 元。依据《民事诉讼法》及相关司法解释的规定，杜某应当对自己提出的诉讼请求所依据的事实提供证据加以证明，其现有的证据不能证明其主张，且未存在因客观原因不能自行收集证据的情况。因此，杜某应当承担不利的后果，故法院对其诉讼请求不予支持。

【典型意义】

《民事诉讼法》及其司法解释规定的"谁主张谁举证"的举证

规则，体现了我国民事诉讼审理的灵活性，同时也保障了民事诉讼过程中原被告双方的举证责任的公平。本案的生效判决严格遵循了此规则，认为上诉人杜某现有证据无法证明其主张，因此法院驳回上诉，维持原判。

编写人员：中吕律师事务所　贺　勇

29 劳动者与用人单位签订劳动合同，并不能确定劳动者与用人单位的主管部门存在劳动关系

【案情简介】

本案被告系某公司的主管部门。2001 年 12 月 12 日，原告冯某与某公司签订劳动合同，合同期限为两年；2014 年 11 月，原告冯某因劳动争议向劳动仲裁机构申请仲裁，要求本案被告补偿其一系列损失，被仲裁机构驳回；后原告冯某向人民法院提起诉讼，请求被告承担其未签订劳动合同的双倍工资、补交社会保险、补发最低工资差额及支付加班费等内容。

【判决结果】

一审法院认为，原告与某公司签订劳动合同，合同期限为两年，该证据只能证明原告与某公司存在两年的劳动合同关系；虽被告认可其是某公司的主管部门，但并不能以此确定原告与被告存在事实劳动关系，原告也未向法庭提交被告对其进行管理和监督的相关证据，于是判决驳回原告的诉讼请求；原告不服，提起上诉。

二审法院认为，根据原告提供的劳动合同及被告提交的相关证据，在案证据无法证明原、被告双方之间存在事实劳动关系，故判决驳回上诉，维持原判。

【法理分析】

《关于确立劳动关系有关事项的通知》是确认劳动关系争议中

最具权威的规范性文件。该文件列举了劳动者与用人单位各自在劳动仲裁中应当提供的证据，同时也明确了判定双方之间存在劳动关系应符合的一些典型特点。

本案中，从原告所提供的证据及法庭所查明的事实来看，原告与被告之间并不符合上述规范性文件中所列明的双方之间存在劳动关系的相关典型特点。

【典型意义】

法律法规对于确定劳动者与用人单位之间存在劳动关系有着明确的规定，这既是为了保障劳动者的合法权益不受损害，也是为了约束用人单位合法用工。但是，这并不表明国家支持劳动者滥用国家给予的相应权利。用人单位是国家经济的重要组成部分，用人单位合法用工，劳动者守法工作，产生争议时，双方通过合法正当的途径来解决问题是最好的办法。

编写人员：中吕律师事务所　贺　勇

30 劳动合同解除后用人单位附随义务的履行

【案情简介】

白某与用人单位在 1999 年 11 月 15 日协议解除劳动合同关系。合同解除后，用人单位在解除劳动合同时未给白某出具解除劳动合同的证明，也未在合同解除后 15 日内为白某办理档案和社会保险关系转移手续。2013 年，白某向人民法院提起诉讼，请求用人单位为白某转移职工社会保险和《人事档案》等材料，返还《职工养老保险手册》《劳动手册》《下岗职工证明》及《解除劳动合同协议书》《解除劳动合同证明书》。

【判决结果】

本案中用人单位因劳动者白某受到刑事处罚而按照劳动合同的约定与其解除劳动关系，且因白某没有新的工作单位，直至白某起诉时止，白某仍未提供新的工作单位，用人单位将白某的人事档案移送至市职业介绍管理中心，符合相关规定，白某要求用人单位转移人事档案的请求不予支持。关于白某主张依照《失业保险条例》第十六条的规定，用人单位应为其办理社会保险转移手续，但《失业保险条例》并未明确规定社会保险转移问题。且转移社会保险需双方相互配合，白某单纯要求用人单位为其转移社会保险明显不合情理，而且用人单位明确表示全力配合白某办理社会保险转移手续，故对白某要求用人单位为其办理社会保险手续的请求法院不予支持。2009 年 8 月 25 日，用人单位给白某出具了 1999 年 11 月 15日白某与其自愿解除劳动合同的证明书，且在本案开庭审理过程中，用人单位当庭出具解除劳动合同证明书，白某拒绝领取，故对白某要求用人单位为其出具解除劳动合同证明书的请求，法院不予支持。

【法理分析】

《劳动合同法》第五十条第一款规定：“用人单位应当在解除或者终止劳动合同时出具解除或者终止劳动合同的证明，并在十五日内为劳动者办理档案和社会保险关系转移手续。”

《企业职工档案管理工作规定》第十八条规定：“企业职工调动、辞职、解除劳动合同或被开除、辞退等，应由职工所在单位在一个月内将其档案转交其新的工作单位或其户口所在地的街道劳动（组织人事）部门。职工被劳教、劳改，原所在单位今后还准备录用的，其档案由原所在单位保管。”

《失业保险条例》第十六条第一款规定：“城镇企业事业单位应当及时为失业人员出具终止或者解除劳动关系的证明，告知其按照规定享受失业保险待遇的权利，并将失业人员的名单自终止或者解除劳动关系之日起 7 日内报社会保险经办机构备案。”

根据法不溯及既往原则，在《劳动合同法》未生效前，劳动者不能依据后生效的法律对之前的法律行为进行评价。本案中因劳动者至起诉时一直未提供新的用人单位，原用人单位在劳动合同解除后，将其人事档案转移到市职业介绍管理中心不违反法律规定。关于转移社会保险手续的问题，在《劳动合同法》生效前，没有明确的法律规定用人单位应转移社保，且社保转移手续需由劳动者与用人单位配合办理。本案中，用人单位已表示全力配合办理社会保险转移手续，但因白某未提供接收单位，因此其诉讼请求得不到支持。关于解除劳动合同证明书，用人单位已于 2009 年 8 月出具，且当庭亦出具解除劳动合同证明书，劳动者拒绝领取，因此该诉讼请求法院未予支持。

【典型意义】

关于劳动合同解除后用人单位应履行一定的附随义务，包括办理劳动者的人事档案、社会保险关系移转等手续，该义务虽不属于劳动合同中的约定义务，但其属于法律规定的劳动合同附随义务。因该类纠纷产生的争议应属于劳动合同履行争议的延伸，人民法院应依法受理。这有利于劳动者维护自身的合法权益。

但对于该合同义务的履行应根据《劳动合同法》生效前和生效后的纠纷分别进行处理。对于《劳动合同法》生效前要求办理转移社会保险、人事档案及出具劳动合同证明书争议，根据法不溯及既往原则，应结合当时的相关法律法规进行依法裁判，对用人单位在诉讼过程中已出具的相关证明或办理的转移手续依法进行确认。

编写人员：中吕律师事务所　任　瑶

31 超过申请仲裁时效期间的诉讼请求不予支持

【案情简介】

张某系某单位员工，自 2002 年到某单位工作，岗位为服务员。双方一直未签订劳动合同，只是口头约定月工资。2010 年 2 月，张某称某单位相关人员让其回家休息后，其再没有接到任何上班通知。故张某于 2015 年 8 月 27 日向某市仲裁委申请仲裁。申请书中张某陈述单位将其辞退且未支付经济补偿，故要求某单位支付其经济补偿。仲裁委于 2015 年 9 月 6 日作出《不予受理通知书》，理由是申请人的仲裁请求超过了仲裁申请时效。因张某对仲裁结果不服，于 2015 年 9 月诉至法院，请求法院判令某单位支付张某：（1）未签订劳动合同的双倍工资差额 9 900 元；（2）2002 年 8 月至 2010 年 2 月违法解除劳动关系的经济赔偿金 14 400 元；（3）2002 年 8 月至 2015 年 10 月欠缴的社会保险损失费；（4）2002 年 8 月至 2010 年 2 月延时加班费 23 929.8 元、周六日加班费 5 974 元、法定节假日加班费差额 11 856 元；（5）2002 年 8 月至 2010 年 2 月夜班补贴 7 800 元；（6）2010 年 2 月至 2015 年 10 月待岗生活费 93 568 元。

一审法院在审理过程中，依法追加第三方公司作为本案第三人参加诉讼。张某向法庭提交了工服、照片、住宿通知和证人证言等书证，证明其与某单位之间存在劳动关系。某公司称张某的入职时间是 2009 年 1 月且对张某承担的是用工单位的责任，而不是用人单位的责任，双方之间并不存在劳动关系。第三方公司主张其与张某之间存在劳动关系，张某系由第三方公司派遣至某单位工作。理由是第三方公司于 2009 年曾与张某签订过劳动合同。

一审法院认为，张某自 2002 年 8 月入职以来即与某单位形成事实劳动关系。本案第三人第三方公司虽于 2009 年曾与张某签订过劳动合同，但张某签订劳动合同前后工作地点和工作内容等方面均未发生改变。张某作为劳动者有理由相信其与某单位存在劳动关系。第三方公司虽主张与张某存在劳动关系且月工资系由其发放给张某，但其未能提供工资表等相关证据予以证明，张某作为劳动者对此并不知晓，故对第三人的上述意见，法院不予采纳。因某单位和第三方公司均不认可张某陈述的待岗情形，且本案张某在仲裁申请书中陈述其于 2010 年 2 月被"辞退"要求支付经济补偿的意见与其在一审庭审时陈述于 2010 年 2 月某单位通知其待岗的理由相互矛盾，故法院对于张某一审庭审中陈述自 2010 年 2 月之后一直待岗至今的主张不予支持。根据劳动争议案件法律规定申请仲裁时效期间为一年的内容，仲裁时效期间从当事人知道或者应当知道其权利被侵害之日起计算。鉴于张某自 2010 年 2 月离开某单位至 2015 年 8 月申请仲裁长达 5 年一直未向用人单位提供劳动，用人单位在此期间亦不再向劳动者支付劳动报酬等相关待遇，张某对此已经明确知晓。故法院认定双方在上述期间不享有和承担劳动法上的权利义务。张某在一审庭审过程中虽然称曾经向某单位主张过权利，但未能提供确凿证据予以证明。故法院对于某单位和第三方公司提出张某的诉讼请求已经超过诉讼时效的辩称意见予以采信。为此，法院对于张某的诉讼请求不予支持。综上，依据《劳动争议调解仲裁法》第二十七条、《最高人民法院关于民事诉讼证据的若干规定》第二条的规定，判决：驳回张某的诉讼请求。

　　某单位与张某均不服上述一审判决，分别向上一级人民法院提起上诉。某单位请求：撤销一审判决，依法查清事实后，改判某单位与张某自2002年8月入职以来未形成事实劳动关系。张某请求：撤销一审判决，改判支持其一审全部诉讼请求，并判令由某单位承担本案一审、二审诉讼费。

【判决结果】

　　二审法院认为，张某系由某单位员工介绍到某单位工作，在某单位未提供张某入职手续的情况下，应当认定张某自2002年8月入职以来已经与某单位形成事实劳动关系。虽然第三方公司于2009年与张某签订劳动合同并主张由其向张某发放工资，故张某系与第三方公司存在劳动关系，但由于张某的工作地点和内容等方面均未发生改变，且某单位未与张某办理解除劳动关系手续，同时，第三方公司未能提供工资表等相关证据对于工资发放情况予以证明，张某亦表示对工资发放主体并不知晓，故在此情况下，应当认定张某作为劳动者有理由相信其与某单位的劳动关系一直在延续，一审判决对此认定并无不当，法院予以维持。某单位关于张某系与第三方公司存在劳动关系、与某单位存在劳务关系的上诉主张，缺乏事实和法律依据，法院不予支持。同时，根据劳动争议案件法律规定申请仲裁时效期间为一年的内容，仲裁时效期间从当事人知道或者应当知道其权利被侵害之日起计算。鉴于张某自2010年2月离开某单位至2015年8月申请仲裁长达5年一直未向用人单位提供劳动，用人单位在此期间亦不再向劳动者支付劳动报酬等相关待遇，张某对此已经明确知晓，且其在仲裁申请书中明确表示其已经被某单位辞退，故一审法院认定双方在上述期间不享有和承担劳动法上的权利义务并无不当。张某虽主张其曾经向某单位主张过权利，但未能提供充足有效的证据予以证明。故一审法院基于某单位及第三方公司的主张，认定张某的请求超过诉讼时效并无不当，法院予以维持，并对于张某的上诉主张不予支持。

综上，张某与某单位的上诉理由均缺乏事实和法律依据，法院均不予采信，对其上诉请求不予支持。一审法院判决认定事实清楚，适用法律正确，应予维持。依照《中华人民共和国民事诉讼法》第一百七十条第一款第一项之规定，判决如下：驳回上诉，维持原判。

【法理分析】

1. 劳动争议案件中法律规定申请仲裁的时效期间

根据劳动争议案件法律规定申请仲裁时效期间为一年，仲裁时效期间从当事人知道或者应当知道其权利被侵害之日起计算。

（1）仲裁时效的计算。

仲裁时效期间从当事人知道或者应当知道其权利被侵害之日起计算。权利人知道自己的权利遭到了侵害，这是其请求劳动争议仲裁机构保护其权利的基础，即从这一时间点开始计算仲裁时效期间。知道权利遭受了侵害，指劳动者主观上已经知道自己的权利被侵害事实的发生；应当知道权利遭受了侵害，指劳动者尽管主观上不了解其权利已被侵害的事实，但根据其所处的环境，有理由认为其已经了解被侵害的事实；对侵害的不知情，是出于对自己的权利未尽到必要的注意或将其作为推延仲裁时效期间起算点的借口。仲裁时效的起算，以劳动者的权利客观上受到了侵害，且主观上已知晓权利被侵害的事实为构成要件。由此可见，按照法律的规定，劳动者申请劳动仲裁的，要在规定的期限内提出。目前，劳动争议申请仲裁的时效期间为一年，超过这个期限，劳动者就不能再申请劳动仲裁。在特殊情况下，劳动仲裁时效可以中断，等中断因素消除后，时效重新计算。

（2）劳动仲裁时效可中断的情形。

因劳动者一方向用工方主张权利，或者向有关部门请求权利救济，或者对方同意履行义务而中断。从中断时起，仲裁时效期间重新计算。

劳动者能够证明在申请仲裁期间内具有下列情形之一的，人民法院应当认定申请仲裁期间中断：①向用工方主张权利；②向有关部门请求权利救济；③用工方同意履行义务。

申请仲裁期间中断的，从用工方明确拒绝履行义务，或者有关部门作出处理决定或明确表示不予处理时起，申请仲裁期间重新计算。

2.《劳动争议调解仲裁法》对举证责任的规定

所谓举证责任，是指当事人对于自己提出的诉讼请求所依据的事实有责任提供证据加以证明；没有证据或证据不足以证明其主张的，由负有举证责任的当事人承担不利后果。如劳动者要求用人单位发放工资，就需要证明自己与用人单位存在劳动关系。如果无法证明与用人单位存在劳动关系，劳动者要求用人单位发放工资的请求就无法获得法律的支持。举证责任是劳动纠纷解决过程中最为重要的一环。举证责任的一般原则是"谁主张谁举证"，但任何原则都有例外。在举证责任分配方面，需要考虑当事人的举证能力，以及举证的可能性和现实性。在劳动纠纷案件中，用人单位处于强势地位，劳动者普遍处于弱势地位，很多证据都在用人单位的掌控之中，如各种劳动人事资料都是用人单位在保管，一旦发生纠纷，劳动者无法获得这些证据材料。

根据《劳动争议调解仲裁法》的相关规定，发生劳动仲裁当事人对自己提出的主张，有责任提供证据。这是劳动争议举证责任的一般原则。同时，考虑到用人单位作为用工方掌握和管理着劳动者的档案、工资发放、社会保险费缴纳等情况和材料，劳动者一般无法取得和提供，因此，对用人单位提供证据又作出了特别规定：与争议事项有关的证据属于用人单位掌握管理的，用人单位应当提供；用人单位不提供的，应当承担不利后果。这一规定再次明确和扩大了用人单位的举证责任，减轻了劳动者的举证责任。

对于特定事项，法律规定了举证责任倒置。所谓举证责任倒置，是指根据法律规定，将通常情形下本应由提出主张的一方当事人就某种事由不负担举证责任，而由对方当事人就某种事实存在或不存在承担举证责任；如果该方当事人不能就此举证证明，则推定原告的事实主张成立的一种举证责任分配制度。举证责任倒置在劳动法领域也广泛存在。如《最高人民法院关于审理劳动争议案件适用法律若干问题的解释（一）》第十三条规定："因用人单位作出的开除、除名、辞退、解除劳动合同、减少劳动报酬、计算劳动者工作年限等决定而发生的劳动争议，用人单位负举证责任。"此外，《关于确立劳动关系有关事项的通知》中第二条也规定：工资支付凭证、社保记录、招工招聘登记表、报名表、考勤记录由用人单位负举证责任。

具体到本案，张某系由某单位员工介绍到某单位工作，在某单位未提供张某入职手续的情况下，人民法院认定，张某自 2002 年 8 月入职以来即与某单位形成事实劳动关系。对于某单位表示其与张某之间系劳务关系而非劳动关系的意见不予采信。这就体现了"举证责任倒置"，即与争议事项有关的证据属于用人单位掌握管理的，用人单位应当提供；用人单位不提供的，应当承担不利后果，即某单位承担其与张某形成事实劳动关系的后果。同时，第三人第三方公司虽于 2009 年曾与张某签订过劳动合同，但张某签订劳动合同前后工作地点和工作内容等方面均未发生改变。张某作为劳动者有理由相信其与某单位存在劳动关系。第三方公司虽主张其与张某存在劳动关系且月工资系由其发放给张某，但其未能提供工资表等相关证据予以证明，因此，第三方公司应当承担举证不利的后果，即人民法院对第三方公司主张张某是其派遣至某单位工作，张某应与第三方公司之间存在劳动关系的意见，人民法院不予采纳。

【典型意义】

建立劳动关系，应当订立书面劳动合同。已建立劳动关系，未同时订立书面劳动合同的，应当自用工之日起一个月内订立书面劳动合同。用人单位自用工之日起超过一个月不满一年未与劳动者订立书面劳动合同的，应当向劳动者每月支付二倍的工资。因此，用人单位要积极与员工签订书面劳动合同，按规缴纳社会保险。即使未签订书面劳动合同，也不影响构成事实劳动关系，劳动者因公受伤，不影响其责任的认定与承担。

编写人员：中吕律师事务所　李海斌

32 事实劳动关系中用人单位应承担法定义务

【案情简介】

2001 年 5 月，安某经人介绍进入某铁路公司供电段下属单位某工区食堂从事厨师工作直至 2012 年 7 月。工作期间该单位并未为其缴纳社会保险。2001 年 5 月至 2006 年 2 月，安某每月工资为 300 元；2006 年 3 月至 2009 年 7 月，每月工资为 500 元；2009 年 8 月至 2012 年 4 月，每月工资为 600 元。自 2012 年 5 月起，某铁路公司停止为安某发放工资。安某起诉某铁路公司某供电段，要求订立无固定期限劳动合同，要求其支付 2012 年 5 月、6 月、7 月三个月的工资，补交 2001 年 5 月至 2012 年 7 月的社会保险费用、支付低于当时当地最低工资标准的差额部分、支付未签订无固定期限劳动合同的双倍工资、工作期间的加班费。

【判决结果】

一审法院认为，安某自进入某铁路公司下属单位工作至 2012 年 7 月，双方虽未签订书面劳动合同，但已经形成事实劳动关系。某铁路公司供电段称自 2009 年其与案外人签订派遣用工协议，且安某自 2009 年到 2012 年与案外人签订劳务合同书。但该供电段向法庭提交的劳务合同书经鉴定不是安某本人所签署，因此不予采信该证据。

根据《劳动合同法》的规定，用人单位自用工之日起满一年不与劳动者订立书面劳动合同的，视为用人单位与劳动者之间已订立无固定期限劳动合同。本法实施前已建立劳动关系，尚未订立书面劳动合同的，应自本法施行之日（2008年1月1日）起一个月内订立。

因安某未提供有关加班的证据，因此对其要求支付加班工资的诉求不予支持。

根据《劳动合同法》规定判决：某铁路公司供电段与安某依法订立无固定期限劳动合同，并支付2012年5月至7月三个月工资、补交2001年5月至2012年7月社会保险费用、支付低于当时当地最低工资标准的差额部分、支付未签订无固定期限劳动合同的双倍工资。

二审法院认为，关于安某主张的加班费，《最高人民法院关于审理劳动争议案件适用法律若干问题的解释（三）》第九条规定："劳动者主张加班费的，应当就加班事实的存在承担举证责任。"而安某未就该上诉主张提供充分的证据。关于安某要求某铁路公司支付从其应签订无固定期限书面劳动合同时至签订劳动合同之日的双倍工资问题。安某从2001年起在该铁路公司工作，而《劳动合同法》自2008年1月1日起正式实施，该法第十四条第三款规定："用人单位自用工之日起满一年不与劳动者订立书面劳动合同的，视为用人单位与劳动者已订立无固定期限劳动合同。"自用工之日起满一年仍未签订书面劳动合同的，法律已拟制在双方之间形成了无固定期限的劳动合同，而不是安某主张的至双方形成无固定期限劳动合同时至劳动合同签订之日的双倍工资。一审判决由用人单位支付给安某未签订无固定期限劳动合同的双倍工资的款额和期限，于法有据，并无不当。故二审判决驳回上诉，维持原判。

【法理分析】

1. 事实劳动关系的认定

劳动关系，是指用人单位与劳动者之间，依法所确立的劳动过程中的权利义务关系。事实劳动关系，是指用人单位与劳动者未签订劳动合同，事实上劳动者在用人单位的管理下从事劳动，用人单位为其提供劳动报酬而形成的关系。

事实劳动关系的形成主要表现为两种形式，一是用人单位和劳动者自始未签订劳动合同；二是劳动合同期满后双方未续签，但劳动者仍留在原单位工作。

本案中，某铁路公司供电段以提供的其与案外人签订《劳务派遣协议书》及安某与案外人签订的《劳务合同书》为据，欲证明其与安某不存在劳动关系的事实。但该《劳务合同书》上所签之身份证号码与安某本人身份证号码不符，且签订合同的主体乙方安某的署名经鉴定并非安某本人签字，无法证明安某与案外人存在劳动关系、与某铁路公司不存在劳动关系。且某铁路公司供电段为安某发放了2001年5月至2012年5月的工资。故某铁路公司供电段与安某虽未签订书面劳动合同，但已形成事实劳动关系。

2. 事实劳动关系中用人单位应承担的义务

《关于贯彻执行〈中华人民共和国劳动法〉若干问题的意见》第一条第二项规定："中国境内的企业、个体经济组织与劳动者之间，只要形成劳动关系，即劳动者事实上已成为企业、个体经济组织的成员，并为其提供了有偿劳动，适用劳动法。"也就是说，引起劳动关系产生的基本法律事实是用工，而不是订立劳动合同；只要存在用工行为，劳动者即享有法律规定的权利。

本案中，已确认安某与某铁路公司供电段形成事实劳动关系，安某作为某铁路公司供电段员工，该铁路公司供电段应履行《劳动法》《劳动合同法》规定的用人单位的法定义务，包括依法签订书面劳动合同；按照劳动合同的约定和国家规定，向劳动者及时足额支付劳动报酬；依法缴纳社会保险费用；安排加班的，应当按照国家有关规定向劳动者支付加班费；发生劳动合同解除事由的，依照法定程序解除劳动合同。

3. 如何认定未订立劳动合同时用人单位支付二倍工资的义务

二倍工资是用人单位在违反《劳动合同法》的情况下向劳动者支付的额外补偿，可视为对用人单位违反《劳动合同法》的罚则。

《劳动合同法》第八十二条规定："用人单位自用工之日起超过一个月不满一年未与劳动者订立书面劳动合同的，应当向劳动者每月支付二倍的工资。用人单位违反本法规定不与劳动者订立无固定期限劳动合同的，自应当订立无固定期限劳动合同之日起向劳动者每月支付二倍的工资。"根据该规定，用人单位未与劳动者签订书面劳动合同的情况分为以下两种。第一，劳动者与用人单位初次建立劳动关系。用人单位自用工之日起超过一个月不满一年未与劳动者订立书面劳动合同的，法律后果有二：一是用人单位应当向劳动者支付二倍工资，二倍工资计算的起止时间为自用工之日起满一个月的次日至补订书面劳动合同的前一日，但最长不应超过11个月；二是与劳动者补订书面劳动合同。第二，在劳动者与用人单位非初次建立劳动关系的情况下，根据《劳动部关于加强劳动合同管理完善劳动合同制度的通知》第五条的规定，用人单位在前一劳动合同期满前，若有意与劳动者续订劳动合同，有提前一个月通知劳动者的义务。

即在劳动关系延续而未及时续订书面劳动合同的情形下，用人单位除应当与劳动者续订劳动合同外，还应向劳动者支付二倍工资，二倍工资计算期间为自劳动合同期满的次日起至满一年的前一日，最长为12个月。

本案中，安某2001年5月到某铁路公司工作，双方已形成事实劳动关系，该铁路公司应与安某订立劳动合同。根据2008年1月1日实施的《劳动合同法》第十四条的规定，某铁路公司自用工之日起满一年仍未签订书面劳动合同的，法律已拟制在其与安某之间形成了无固定期限劳动合同。因此，该铁路公司应承担与安某形成无固定期限劳动合同关系起一年的二倍工资罚则。

【典型意义】

现实的劳动就业市场中，用人单位不与招用的劳动者签订劳动合同、未按规定缴纳社会保险、工作报酬低于最低工资标准、未保障劳动者休息权利等违法用工现象大量存在，劳动者合法权利难以得到保障。2008年实施的《劳动合同法》对完善劳动合同制度，明确劳动合同双方当事人的权利和义务，保护劳动者的合法权益，构建与发展和谐稳定的劳动关系具有极大推动作用。本案通过证据认定用人单位与劳动者之间存在事实劳动关系，进而结合《劳动合同法》的规定，对用人单位应承担的法定义务进行说理，有效地保护了劳动者的合法权益。本案的审理对《劳动合同法》的理解与适用、规范用人单位履行法定义务具有指导意义，对切实保障这部分劳动者权益、规范完善劳动关系具有重要意义。

编写人员：中吕律师事务所　李　玥　李艳红

二 社会保险纠纷案件

用人单位未缴纳养老保险，劳动者可以要求赔偿损失

【案情简介】

1989年9月，李某到某行车公寓从事服务员工作，其完成工作任务先后通过现金和银行转账的形式领取工资。2015年6月19日，法院确认李某和某铁路公司自1989年9月至2014年11月22日存在劳动关系。2016年，李某将该公司诉至法院，请求法院判令其补缴基本养老保险金、办理养老保险手续，补缴医疗保险金、办理医疗保险手续，赔偿其2014年12月至2016年12月的养老金损失10万元。

【判决结果】

一审法院认为，李某要求某铁路公司为其补缴基本养老保险金、办理养老保险手续及补缴医疗保险金、办理医疗保险手续的请求不属于劳动争议案件受理范围，其可另行解决。因某铁路公司作为用人单位未为李某缴纳养老保险，导致其不能享受养老保险待遇，应赔偿李某养老保险待遇损失，李某主张10万元数额合理，法院予以支持。判决：一、某铁路公司于本判决生效后七日内支付李某养老保险待遇损失10万元；二、驳回李某的其他诉讼请求。

李某、某铁路公司不服，均提起上诉。

二审法院认为，某铁路公司未按照法律规定为李某缴纳养老保险，造成李某不能享受养老保险待遇，给李某造成的损失，应当承担赔偿责任。一审法院根据本案实际情况，酌情认定某铁路公司一次性赔偿的数额，并无不妥，李某要求按照其达到退休年龄后分阶段判决的请求，没有法律依据，法院不予采纳。判决：驳回上诉，维持原判。

【法理分析】

1. 社会保险的缴费争议并不属于人民法院的受案范围

《最高人民法院关于王某与某公司劳动争议纠纷申请再审一案适用法律问题的答复》（法研〔2011〕31号）明确，根据《劳动法》《社会保险费征缴暂行条例》的有关规定，征缴社会保险费属于社会保险费征缴部门的法定职责，不属于人民法院受理民事案件的范围。本案中，作为劳动者的李某请求用人单位某铁路公司补缴基本养老保险金、办理养老保险手续，补缴医疗保险金、办理医疗保险手续的请求不属于人民法院受理民事案件的范围，一审、二审法院没有处理并无不当。

2. 用人单位未为劳动者缴纳基本养老保险，劳动者可以要求其一次性赔偿损失

《最高人民法院关于审理劳动争议案件适用法律若干问题的解释（三）》第一条规定："劳动者以用人单位未为其办理社会保险手续，且社会保险经办机构不能补办导致其无法享受社会保险待遇为由，要求用人单位赔偿损失而发生争议的，人民法院应予受理。"本案中，李某与某铁路公司劳动关系存续期间，因某铁路公司未缴纳养老保

险，造成了损失，但养老保险的领取及领取数额，与单位缴纳的数额、职工缴纳的数额、社会统筹的数额及缴费年限等相关，李某要求某铁路公司按照其他正常领取养老金的人员的数额赔偿，依据不足，一审、二审法院未予支持。另外，李某达到退休年龄后，双方的劳动关系终止，某铁路公司不再负有为其缴纳养老保险的法定义务，一审、二审法院根据本案实际情况，酌情认定某铁路公司一次性赔偿李某 10 万元，并无不妥。李某要求按照其达到退休年龄后分阶段判决的请求，没有法律依据，一审、二审法院未予支持。

3. 用人单位未为劳动者缴纳医疗保险，劳动者可以要求其赔偿损失，但劳动者在未提供证据证明损失的情况下，法院不予支持

当事人对于自己提出的诉讼请求所依据的事实有责任提供证据予以证明，没有证据或证据不足以证明其主张的，由负有举证责任的当事人承担不利后果。李某主张 2014 年至 2016 年期间的医疗保险损失，但未就此向法院提供相应证据，故一审、二审法院均未予支持。

【典型意义】

实践中，社会保险产生的争议主要集中在用人单位未缴或少缴社保费用等问题上，社会保险的缴费争议并不属于人民法院的受案范围。根据《劳动法》第一百条及《社会保险费征缴暂行条例》第二十六条的规定，追缴社会保险费属于社会保险费征缴部门的职责，对于用人单位未缴或少缴社会保险的，社会保险经办机构根据其核定具体的缴费项目、缴费标准和缴费比例等，可强制征缴。劳动者以用人单位未为其缴纳基本养老保险为由，要求用人单位支付基础养老保险金，属于社会保险缴费争议，不属于人民法院审理劳动争议案件的受案范围。

　　此外，应当注意的是，不应把所有的社会保险争议不加区分地全部排除在人民法院受案范围之外，对于用人单位没有为劳动者办理社会保险手续且社会保险经办机构不能办理补交手续导致劳动者无法享受社会保险待遇，由此产生的赔偿损失纠纷，属于人民法院的受案范围。

　　对于用人单位与劳动者约定，工资中包括用人单位负担的养老、医疗、失业等社会保险费，而不向社会保险经办机构缴纳社会保险费的，其效力如何认定？笔者认为，用人单位负有自行申报按时足额缴纳社会保险费的法定责任，劳动者应当缴纳的社会保险费由用人单位代扣代缴。用人单位与劳动者约定工资中包括社会保险费，而不向社会保险经办机构缴纳社会保险费的行为无效。劳动者主张未办社会保险要求损失赔偿的，可以从赔偿额中扣减用人单位已按约定支付给劳动者的社会保险费。

　　　　　　　　　　　编写人员：太原铁路运输中级法院　荣育宏